ツレヅレハナコの食いしん坊な台所

ツレヅレハナコ　文
キッチンミノル　写真

洋泉社

はじめに

わたしの台所に来た人は、たいてい周囲をぐるりと見まわしてこう言います。

「こんなに必要なの？」

うーん。正直に言えば、全然必要ではない。

十五本の木べらも、二十枚のバットも、六枚のフライパンも、百枚以上の皿も、二人暮らしのわが家がフルで使うことなどありません。

それでも置いておきたい。なぜなら、これらの台所道具が大好きだから！

わたしはレシピ記事をつくる雑誌編集者を経て、いまでは自分が食まわりの本を書いたりする身。だからおそらく平均よりは台所愛が深いのだと思う。家にいる時間の大半は台所にいるし、買い物をするのも台所回りのものばかり。おそらく洋服やメイク道具への関心の数倍は、台所道具ラブ！

わたしが手にするものに共通しているのは「使っていると楽しい道具」であること。

それは、機能的であることへの喜びだったり、使う手間はかかるけど心が豊かになる時間だったり、名もなき海外の道具が持つ無骨さへの感動だったりします。これこそ、愛のない道具には宿らない楽しみであり、好きな台所道具に囲まれる最大の幸せ。

お気に入りの鉄フライパンで卵を焼きながらフォルムの美しさにうっとりするのは日常茶飯事だし、バウルーのサンドイッチトースターを開けてこんがり焼き目がついたホットサンドを取り出すワクワクは学生のときから変わらない。せいろから勢いよく出る湯気を浴びれば、些細な悩みなんて飛んでいく気さえします。タイで買ったベコベコのアルミ鍋を使えば屋台の激うま煮こみを思い出してよだれが出るし、モロッコのド派手な柄のお皿に料理を盛りながら「そろそろ旅に出たいな」と思う。

そんなひとつひとつの衝動は、その道具と結びついた自分だけに与えられた特典のようなものなのかもしれません。

この本では、わたしの台所と台所道具についてご紹介していきます。でも、けして「ウズベキスタンにお皿を買いにいきましょう」という案内ではありません。わたしの台所道具との付き合い方、楽しみ方をお伝えするとともに、きっとあなたの生活を楽しくしてくれる道具たちがどこかに待っている、そんなことがお伝えできればうれしいです。

ツレヅレハナコ

Khiva

目次

1章 「毎日の気楽な道具たち」

2章 「みんなでワイワイする道具」

3章 「気持ちを満たしてくれる道具」

4章 「一生使いたいこの逸品」

対談 道具の作り手を訪ねて

対談（126〜137ページ） 構成／芹澤健介 編集／齋藤瑶子

1章

「毎日の気楽な道具たち」

せいろは一人暮らしの人や料理初心者の強い味方！

一般的にハードル高めと思われている二大調理法、それはたぶん「揚げる」と「蒸す」だと思います。でもそのハードル、思い切って越えてほしい！　なぜなら、この二つは「面倒くさい」ようでいて、実は手軽に食材をおいしくできる調理法。実際、わたしは週に一度はフライパンで揚げ物をするし、**毎日のようにせいろで食材を蒸しています**。

とくに、**一人暮らしの人や料理初心者の人にこそ、「蒸す」調理はオススメ**。だって、お湯を沸かして、せいろや蒸し器に食材を入れるだけでおいしいものができあがるんですから。たいした下ごしらえをしなくても、ほどよく蒸気を吸った食材はふんわりもちもち。蒸すことでしか得られない、確かなおいしさがあるのです。

わたしの定番は、**「冷蔵庫にあるもの蒸し」**。せいろにクッキングシートを敷いたら、にんじんやブロッコリー、キャベツなどの野菜を硬い順に放りこんで蒸すだけです。「ああ、とにかく野菜が食べたい！」というときは、とりあえずこれ！　ボリュームを出すなら、野菜と一緒にソーセージを入れてもいいし、耐熱容器に卵を割り入れて蒸してもいい。野菜の味付けはレモン&醤油かポン酢に、たっぷりのオリーブオイル。意外なところだと、**魚の干物や固くなったバゲットや食パンも、せいろで蒸すとふっくらおいしくなります**。

なにより**使っていると気分がいい**。せいろからあがる蒸気を見ているだけでも心にゆとりが生まれるし、なんとなーく〝身体にいいことしてる感じ〟もするんですよね。「レンジでチンしても同じだよ」という人もいるかもしれませんが、やっぱり全然違うんだよなぁ。味も仕上がりも、自分の心も。

うちのメインのせいろは、「照宝」という横浜中華街にある老舗のもの（27センチ）。置く場所がないなら小さいサイズもありますが、いつもキッチンにせいろがドーンと置いてあるのもカッコいいものです。それと、**一緒に買うと便利なのがせいろ用の「蒸し板」**。真ん中に丸い穴の開いたアルミ板ですが、これがあると専用の湯沸かし鍋がいらないんです。これ一枚で、どんなサイズのお鍋でもせいろが使える！「照宝」はメンテナンスもしっかりし

てくれるので安心。わたしはもう十年以上使っています。そのほか台湾や香港に行くと、ついついサイズや材質違いのものを買ってきてしまうほどせいろが好き。眺めているだけでうれしい、手放せない調理道具の一つです。

めでたく買ったなら、ぜひつくってほしいのが「焼売《シュウマイ》」。「焼売なんてメンドクサイ」と思うかもですが、これが驚くほどカンタンでおいしい！　わたし自身、駒場東大前にある大好きな定食屋「菱田屋」でレシピを習って以来、アレンジを加えつつハマりまくっています。せいろでしかつくれない魅惑のおいしさに、もう市販の焼売は食べられなくなるかも……？

つくり方は、まず玉ねぎを粗めのみじん切りにしてたっぷりの片栗粉をまぶします。ボウルに豚ひき肉、オイスターソース、砂糖、酒を入れてしっかり練ったら、玉ねぎを加えてざっと混ぜれば肉ダネのできあがり。あとは、市販の焼売の皮にたっぷりのせて、せいろにぎっしりつめたら八分蒸す。これだけ。形はブサイクだけど、めちゃくちゃうまい〜！

ブリッとした食感を味わうためには、**できれば豚肉はひき肉ではなく、肩ロースのブロック肉を細かく刻むとよりベスト**。ホームパーティーでつくると、テーブルでせいろを開けた瞬間に盛り上がります。みんなで具を包むのもいいですね。

せいろいっぱいに蒸した焼売
は幸せの味。熱々にからしを
たっぷり塗ってどうぞ！

レシピ ▶ 56 ページ

とろろもスパイスもすり鉢でスリスリゴリゴリ

小学生の頃、家の近所にとろろ飯屋さんがあって、土日のお昼になるとひとりでご飯を食べに行っていました。不思議なお店で、メニューは「とろろ飯」と「鰯の塩焼き（一人前に三尾つく！）」セットのみ。のれんをくぐると、煙がもうもうと充満する店内に黙々と食事をするおじさんがズラリと並んでいるのです。そんな中、小学生のわたしも席に座って、鰯をつつきながら、とろろのかかった麦飯を掻き込んで……、いまなら完全にビールか焼酎のお湯割りも頼んでいると思うけど、あの頃からそんな雰囲気のお店が好きでした。

そんな思い出深い〝とろろ体験〟のせいか、いまでもとろろは大好物。年中、すり鉢ですりすりして酒のつまみにしています（もちろん、おともは鰯の塩焼き！）。

まだ二十代の頃だったかな、最初に買ったすり鉢はお茶碗くらいのサイズのもの。フライパンでごまを煎ってからすってみたら、その香りの華やかさに感動。さらには、そのごまでつくるごま和えがすばらしくて……。「白和えとかもつくりたい！」と、数か月後にはさらに大きな普通の茶色いすり鉢を買いました。

　このときにハマったのは冷や汁。

　煎ったごまをすったところに焼いた鯵の干物をほぐし入れてゴリゴリすり、焼き味噌と砂糖を入れてまたゴリゴリ。そこにザーッと氷水を入れて、きゅうりとみょうがの薄切りと青じその千切りをたっぷり投入。それを熱々のご飯にかけて、サラサラといただきます。

「うまーい！　真夏でもご飯が無限に食べられるわー」などと思っていたら、うっかりすり鉢を割ってしまいました。

　それからしばらくは、すり鉢熱も冷めていたものの、再燃したのが二、三年前。友人と飲む前の時間つぶし

愛用している原泰弘さんのすり鉢。

で、何気なく入った西荻窪の雑貨店「３６４」で運命の出合い！　というか、気づいたときには買っていて、すり鉢とすりこぎを抱えて飲み会に行ったのはわたしです……。

この**原泰弘さん**のすり鉢は、まず見た目がシックで、そのまま食卓に出せるのがうれしい。さらに、目が浅いのにしっかりすれて、すり残しなし！　**冷や汁はもちろん、じゃがいもをマッシュしたり、クローブやカルダモンといったスパイスをゴリゴリしてチャイをつくったり、一年中使っています。**

すり鉢とすりこぎも、使っていると手になじんでくるものです。最初はどうやってするのかよくわからず、使うたびに疲れていたけれど、すりこぎは、真ん中あたりに左手を添えて、頭に当てた右手をぐりぐりまわす。そうするとテコの原理であまり疲れません。

そうそう。あとは、すり鉢の何が好きかといえば、すっているときの音！　ゴリゴリ、ゴリゴリだけではないんですよね。たとえば、炒りごまをするときは、**はじめに、ぷちぷち、ぷちぷちぷち、という小さな音が聞こえて、すっているうちにシャリシャリ、スリスリ、と変わってくる。**「おいしいものができる音だなあ」と、聞いているだけでよだれが出る！

忙しいとついつい使う機会が減ってしまうすり鉢。でも、なるべく出番が増えるような毎日を送りたいなと思っています。

白ごまをすって、砂糖と醤油を加えたら、ゆでた小松菜、しめじと和える。このすり鉢ごと食卓に出します。

レシピ ▶ 56ページ

木べらとターナーは気に入った形のものを使いこむ！

これだけの量の木べらが一度に必要となることは絶対にない――。

そうわかっていても、増え続けていくのがわが家の木べらたち。そのくせ、気づくといつも同じものを使っていて、一番古い木べらはすっかりいい感じの飴色になってきました。それでも、「いいな！」と思う形のものを見つけると、つい買わずにはいられないのです。

そのほとんどは海外旅行で見つけたもの。日本のものにはない、**手作り感のある素朴な木べら**にひかれます。いつぞやの台湾では、路上で大量の木べらを売っているおじさんに遭遇。聞くと**「俺が削って作ったんだよ」**と自慢げな笑顔……そんなの買っちゃうでしょー！　買ったばかりの頃は削り跡もゴツゴツしていて、真新しく白い木のへら。それでも使いこむうち、**ソースや脂、肉汁を吸って、だんだんと「いい感じのへら」になっていく**のです。

細い木べらが好き。しゃもじも木べらとして使います。ターナーは、このOXOのもの一択で！

細くて、先が平らで、少し斜めになっているのがマイベスト木べら。楽な角度のまま細かく炒められるので、チャーハンなどのごはんをほぐすのに大活躍します。

レシピ ▶ 56 ページ

いろいろな形のへらを持っていますが、年中使うものには共通点があります。

それは、**細長く、先の部分が平ら**になっているもの。スリムな木べらは鍋の中で小回りがきくうえ、先が平らだと底面にむだなく沿ってくれるんですね。さらにいえば、その平らな部分が少し斜めになっていると最高！　手首を持ち上げすぎなくても動かせるので、なんとも使い心地がいいのです。ベスト木べらは、バリ島の小さなお土産屋で売られていた数百円のもの。今なら、三本は買って帰るのになあ（また買おうとしている！）と思うほど、一番使っています。

ターナーは、金属のものではなく**「OXO《オクソー》」の「シリコンターナー（ミニ）」**、一辺倒。最初は人にもらって使い始めたのですが、あまりにも使いやすくて気づけばもう四代目です。「OXO」はユニバーサルデザインを得意とするアメリカのキッチン用品メーカーですが、このシリコンターナーもちょっと気が利いている逸品。シリコンの中に金属の板が入っているので、薄いのに適度な強度があってふにゃふにゃしません。角度が絶妙でペンのように握ることもできるし、二八〇度までは平気なので炒め物にも使えます。フライパンに食材をぎゅうぎゅうに詰めて焼いていても、**シュッと鍋肌と食材の間に入る**のがこのターナーの真骨頂。目玉焼き・玉子焼きはもちろん、炒め物にも大活躍だし、和えものでさえこれで和えて、シリコン素材ならではのすくいとり力で盛りつけまでするほど。ターナーも木べらも、一本ずつあれば十分足りる道具。でも、自分にベストなものが見つけられたのは、何十本も使ってみたごほうびなのかもしれません。

べこべこになるほど愛着が湧いてくるアルミ鍋

海外旅行に行くと、よく買って帰ってきてしまうのがアルミ鍋です。

タイで買った両手鍋はもう七年使っているし、ポルトガルの露店で一目惚れした古い鍋は、店主のおじいさん曰く、「スープ好きだった奥さんが愛用していたもの」。だから、もうかなりの年代物のはず。

こういうアルミ鍋がウチにはいくつもあるのですが、最近、また新しく買ってしまったのは、ベトナムの道具街で見つけた三兄弟（サイズ違いのものと、ぽってりした形のスープ用）。どれもだいたいアルミの生地がペラペラに薄い、いわゆる日用品。高級品ではなく、東南アジアの一般家庭や市場の屋台で使われているものです。現地の厨房を覗くと、何でもこういうアルミ鍋で料理をしていて、作った料理もこの鍋に入れたまま売っています。だから、わたしの中では、旅行中に味わったいろんな「舌の記憶」と「アルミ鍋」が直結している部分がある。

タイで七年ほど前に買ったアルミ両手鍋。お惣菜の屋台にズラリと並ぶ年季の入ったこの鍋に惹かれ、「同じものが欲しい！」と雑貨屋に飛び込んで買いました。ふたがずれるほどベコベコのゆがみ具合が最高。

ひとつ数百円で買えるような鍋なので、同じアルミ製でも日本製のしっかりした鍋とは顔つきも違うし、佇まいもいい意味でチープ。叩くと、こんこん、ぺこぺこという軽い音がします。

でも、そこがいい。もちろん日本の職人さんがトンカン打ち出した端正な鍋も魅力的です。手打ちの雪平鍋や美しい八角鍋も憧れるのだけれど、どういうわけか、海外で出合う素朴なアルミ鍋に無性に惹かれてしまう。

こういうアルミ鍋は、ちょっとぶつけただけですぐに凹むし、へりもゆがんでしまいます。でも、軽くて運びやすいし、お湯が沸くのは超早いし、ごしごし洗えて手入れもラク。何より気負わずに料理できるのがいいところ。

レシピ ▶ 56ページ

水を入れても軽くて持ち運びしやすいので、スープをとるときに使うのはもっぱらアルミ鍋。

ル・クルーゼやストウヴの鍋が何でもそつなくつくれる〝優等生〟だとすれば、わたしにとってのアルミ鍋は、毎日の〝相棒〟みたいな存在なのかもしれません。

そんな〝相棒〟たちとつくるのは、気取らない料理の数々。

タイで買った両手鍋ではもちろんタイカレーもつくるし、野菜をゆでる鍋にも使います。あとはいろんなスープ。いろんな料理のベースとなるチキンスープをとるときも、**骨付き鶏もも肉（最近は鶏ガラじゃなくて、もっぱらコレ！　骨からダシも出て肉も食べられる）と長ねぎの青いところ、しょうがの薄切り、パクチーの根**を入れてコトコト煮込むのです。

ベトナムのアルミ打ち出し鍋は独特の形に一目惚れ。ベトナム風にナンプラーとココナッツミルク入りの豚の角煮をつくり、鍋ごとテーブルに出しても盛り上がります。煮込み料理はル・クルーゼだと思い込んでいたけれど、現地の人がアルミ鍋でもおいしく作っているのに影響されました。

タイやベトナムで買った鍋はかなりいい感じになってきたし、ポルトガルで買った鍋はちょっとしたアンティークの域。若い頃は新しい道具が好きで、古びてくるほどに味わいが出る〝育てる系〟の料理道具は苦手だったけれど、最近は「道具と一緒に歳をとっていこうかな」と思うようになりました。あちこち凹んで不格好。でも、そんなところが好きなのかも。十年、二十年経って、ベコベコになった鍋で料理している自分を想像するのもなんだか楽しみなのです。

左からポルトガルのスープ鍋。おじいちゃんが「亡くなった妻の想い出」とともにフリマで売っていたのを購入。タイの片手鍋は、インスタントラーメンづくりに大活躍。ベトナムの打ち出し鍋は、アルミ専門通りで見つけて即買い。両手鍋はサイズ違いで買って壁にかけている。

料理上手な人の秘密はバットを使った「見える化」にあり！

わたしは料理レシピの記事をつくる雑誌編集者として、かれこれ十年以上働いてきました。料理を撮影して、原稿をまとめて、担当のページを仕上げるのが仕事。

もちろん料理はわたしがつくるわけではなく、料理研究家の先生方がつくります。食べること、そして料理好きなわたしにとっては、まさに天職のような仕事。だって、先生たちの実演を間近で見ることができるんですから！

実際、目の前で包丁さばきや火入れ加減を見ていると、ほれぼれするほど美しい。そして、いつも「おぉ」と感心するのは、その段取りのよさ。**調理の工程を〝見える化〟**していく過程がとてもあざやかなのです。具体的には、「小さなボウルにスーパーの袋をかぶせて手元に置き、小回りの利く生ゴミ入れにする」、「次の工程で使う料理道具は、ひとつ前の段階でまとめておく」など。些細なことのようでいて、その後の進行が格段にスムーズ！

（左上）冷凍フライドポテトを揚げたら、塩、五香粉を振り、刻みパクチーをバサッと。バットごとテーブルへ。／（右上）バットはスチールラックに収納していつでも取り出しやすく。／（下）「見える化」しながら新しいレシピがひらめくことも！

中でも、バットの使い方は、さすがの一言。基本は**「切った食材は、片っ端からバットへ!」**。作るメニュー数も多いので、食材は料理ごとに分けて入れ、必要となる順番で並べていきます。こうすれば、食材量のバランスや、次に作るべきものも常にチェックでき、調理の途中で「アレ？何か足りない？」と、冷蔵庫を開ける回数も激減します。あまりに自然なので、ぼんやりしていると見過ごしがちですが、バットこそ料理上手への第一歩となる道具だと痛感しました。

そういえば「料理が苦手」という友人に話を聞くと、バットは使わずレシピを見ながら行き当たりばったりという人が多い。「料理の途中で頭が混乱しちゃう!」そうなので、まずはバットを（百均でもいいので!）数枚買うことをオススメしています。遠回りのようで、実は近道。料理上手な人ほど使っているのです。

わたしが愛用しているのは、野田琺瑯《ほうろう》など日本で買えるものもありますが、ほとんどが海外製。アジア製のアルミのバットたちです。アルミ鍋と同じように、旅行のたび買ってきたり、知人にお願いして買ってきてもらって集まったもの。

海外のバットは形も個性的なものが多いので、アジアの屋台のように、お皿としてそのままテーブルに出すこともあります。ケーキクーラーと組み合わせて、揚げ物を直接のせても絵になるんですよね。

韓国製のバットは真四角。真ん中にハングル文字でサイズ表記してあるのもかわいい。

丸いものはマレーシアのドン・キホーテみたいな店で見つけて買ったもの。軽いし、スタッキングして収納できるのですごく便利です。

あくまでも普段使いの道具なので、ざくざく扱えるのが好き。アルミ鍋同様、日々の相棒という感じで、わたしの料理を手伝ってくれています。

韓国の正方形バットとマレーシアの丸バット。それぞれサイズ違いで四種ずつくらい持っています。

こだわっていないと言いつつ こだわっているマイ包丁

「どちらのブランドの包丁を愛用しているんですか」とたまに聞かれます。

この質問がくると、返事に一瞬つまってしまう。

そうですよね、包丁といえば料理を仕事にする人の命。やっぱり「有次《ありつぐ》」？　「杉本」？　名前も彫ってあるとか……？

うーん、全然。実はブランドのこだわり、まったくないのです！

理想とするのは、**どの包丁というよりもその〝使い方〟**。なぜならヨーロッパやアジアの台所で料理を見せてもらうと、いつも衝撃の包丁使いの場面に出くわすからです。まず、みんなまな板を使わない。**小さなペティナイフを使って、なんでも空中でサクサク切っちゃう**んですね。いつだったかトルコで目撃したお母さんは、手に持った玉ねぎをみじん切りにしていて（しかも談笑しながら！）衝撃でした。みじん切りですよ!?　なんなら、すべての料理を空中ペティナイフ一本で仕上げちゃうような、肩の力が抜けた包丁使いに憧れてしまうのです。

とはいえ、わたしがメインで使っているのは、ごく普通の文化包丁。銘は一応切ってあるけれど、たしか一人暮らしをしていた大学生のときに近所で適当に買ったものです。値段も全然高くなかったし、とにかくごく普通の包丁なのですが、なにぶん二十年の付き合い。この包丁によってわたしの中での **〝マイ包丁のスタンダード〟** ができてしまったんですよね。刃渡りも重さも、これじゃなきゃ落ち着かない。料理家さんたちからの評判も熱いシャプトンの「刃の黒幕 オレンジ」という砥石でたまーに研ぎつつ、「ちょっとボロくなってきたかなぁ」と文句も言いつつ愛用しています。そういえば以前、お祝い事でとんでもなく高価な包丁をいただいたこともありました。でも、どうにも立派すぎて……。今は戸棚に大事にしまってあるのは内緒の話です。

最近、登場頻度が高いのは **ベトナムで買ったナイフ**。市場で百円ほどでした。これは現地の人たちが使っているもので、「大きいサイズのも買ってくればよかった！」と後悔しているほどお気に入り。一見、切れるようにはまったく見えないのに、衝撃的なほどキレッキレ！　さすがに玉ねぎ空中みじん切りは無理だけど、刃がフラットだから、日本でいう菜切り包丁に近いのかな。ほうれんそうをザクザク切ったり、じゃがいもをさいの目にしたり……使っているとアジアの調理場の熱気を思い出すナイフです。

左から商品名だけで研げそうな砥石（シャプトン「刃の黒幕 オレンジ」）、二十年使用しているマイスタンダード包丁、テーブルでも使えるトマト・ベジタブルナイフ（青は海外限定のよう）、見た目から入った中華包丁、ベトナムの菜切り包丁。

焼売（15ページ）にも大活躍。振り下ろして重さで叩き切るように刻む。

それから、両親のスイス旅行みやげにもらった**「ビクトリノックス」のトマト・ベジタブルナイフ**。刃がギザギザで切れ味がいいので重宝しています。**照宝の中華包丁**は見た目から入りましたが、重さがあるので肉を細かく刻んだり、叩き潰したりするのに便利。中華料理や、肉の固まりからひき肉を作るときには取り出して、練習がてらにがんばって使っています。

昔は、日本料理の料理人が使うような和包丁に憧れていた時期もありました。でもたぶん、わたしでは手に余る。近頃は、「魚を自分でさばくのは、キッチンばさみでできるものまで。あとは魚屋さんにお願いするのが正解だよな」と思っていたりもします。

おろす・スライスする道具が料理の幅を広げる！

「かきまぜる」「ひっくりかえす」「水を切る」……。わたしが使っている料理道具たちは、わりと使い方を限定されたものが多いのかもしれません。なんでもできる多機能な器具や調理家電は、たしかに一瞬「わー、すごい！」とは思うのです。でも正直なところ、そこまでは心惹かれない。

野菜をおろしたり削ったりする道具たちも、ほかのことはできないのがいい。不器用だけど潔い感じ。

たとえば、おろし器は野菜をすりおろすだけ。**ひとつの目的に特化しているからこその能力に惚れます。**わたしは「貝印」のプラスチック製のものを使っていますが、スライサーをはじめ貝印の刃ものは切れ味が変わりにくいのがすばらしい。長い期間使っても、大根はもちろん、どんな野菜もらくらくすりおろせます。最近はトマトをするのにハマっていて、たとえばパスタでも市販のトマトソースではなく生のトマトで作っています。

レーター、台湾で買ったせん切り器、貝印のおろし器。

貝印のおろし器でトマトをおろせば、トマトソースに。

千切り器は、台湾で買ったもの。沖縄のしりしり器と似ているけど、台湾の人に言わせると、すこし違うものだとか。ラクダのマークがかわいくて、これでよくにんじんをしりしり（すりおろす）して炒めものなどにしています。一般の千切り器より、やや太めに削れるのがポイント。

「マイクロプレイン」社のグレーターもそうした道具のひとつ。グレーターとは、いわゆるおろし器やピーラーとも違って、果物の皮やチーズを削るためだけのものです。

レモンを当てて動かすと、くるくる丸まった薄くて小さな皮が削れる。これでレモンとパルミジャーノ以外を削ることはまずないけれど、今や、なくてはならない道具となっています。

このグレーターが大活躍してくれるのは夏――、桃の季節！　大好きな**「桃とモッツァレラのサラダ」には欠かせない道具**なのです。料理研究家の内田真美先生の本で紹介されていたのを見てから、もう何度作ったことか。

生の桃を一口大の大きさにざくざく切ったら皿に乗せ、その上にモッツァレラチーズを手でちぎる。次に白ワインビネガー、オリーブオイル、塩、こしょうをふり、最後にグレーターで削ったレモンのピールをふわっと散らせばできあがり。

分量はぜんぶ「適量」だけど、ほかの食材を足しても引いてもダメ。プロの料理家さんのレシピが、いかに細部まで計算され尽くされているか……この奇跡的な組み合わせを食べるたびに感動します。

内田先生は本の中でこのグレーターを使っていたのですが、当初、わたしはチーズおろしで代用していました。

でも、ずいぶん経ってからこれを使って「桃モッツァレラ」をつくってみたら別次元。「あ、これが本当の味なんだ」と感動しました。

「その道具にしかないおもしろさ」を教えてくれたのがグレーターです。

弁当生活の励みは お気に入りの弁当箱たち

三つ子の魂なんとかとはよくいったもので、わたしは食べることが大好きな子どもでした。そして、**自分のご飯と同じくらい興味があったのは、クラスの友だちや他の人たちが何を食べているのか**ということ。

たとえば小学校の遠足に行っても、動物園のゾウやキリンはチラ見で十分。お昼の時間だけを楽しみに、朝からソワソワソワ……。だって、この日は「友だちのお母さんがつくったお弁当」を見られる貴重な日！　お昼の時間が始まるとおもむろに立ち上がり、ひたすら人の弁当観察とインタビューで忙しい、そんなちょっと変な子どもでした。

このおかずの材料は何？　いつも家で食べる定番おかずなの？　玉子焼きは甘いのか塩辛いのかどっち？　ご飯にのった手作りふりかけみたいなものは？　お母さんは何時ころから作ったの？　デザートなんておしゃれだな！　……などとパトロールしていると自分の弁当を食べる暇もない。それでも満足だったし、帰って人の弁当の中身を日記に書きとめたりもしていました。

鶏の照り焼き、いんげんごま和え、玉子焼き。

鶏の照り焼きのレシピ ▶ 56ページ

そんなわたしが大人になり、初めてつくったお弁当は自分用。その後十六年の会社員生活で、マイペースにつくり続けることとなりました。

そもそもお弁当づくりを始めたのは、現実的な理由から。「毎日外食ランチだと胃が疲れるし、お金もかかる。なにより、家でも作れそうなパスタランチに千円払うとか絶対にイヤ！」。わたしにとって、お弁当とは**〝胃と財布と冷蔵庫のバランスを整えるもの〟**。だから、「自分がホッとできるお弁当」だけ作ろうと最初に決めました。

たまに「お弁当生活、なかなか続かないんだよね」なんて話を聞きますが、わたしがお弁当生活を長く続けられた理由はいくつかあります。まずは**「週に三日で上等！」**と考えていたことが大きい。毎日必ずつくるのって、つらいときもありますよね。でも子どもじゃないのだから、**「二日酔いのときはサクッとパス」**くらいなゆるさでよしとしました。

さらには、「おかずは四品以上で、いろどりも美しく、栄養バランスも考えて……」などの思い込みは捨てる！　だって、家で週末に食べるお昼なんて、適当そのもの……。それでも結構満足なのに、お弁当になると急にしばりがきつくなるのは苦痛でしかない。昼に足りない栄養素は、朝と夜でとればよし！　という考えにしました。

さらにいえば、わざわざつくるどころか、ご飯の上に冷蔵庫のおかずを二、三品乗せるだけでも立派なお弁当だと思うのです。だから、ときには**「冷凍したご飯（給湯室のレンジでチン）＋パックの納豆＋豚汁（防水性の高い、蓋がギュッと締まるタッパーで密閉）」**という組み合わせを持っていったり。我ながら斬新なお弁当、というか完全に豚汁定食……。

そんな、適当とはいえ一生懸命だったわたしを支えてくれたのは、お気に入りのお弁当箱たち。ピーク時は八個くらい持っていて、その日の気分によって変えていました。

一番のヘビロテである**曲げわっぱの弁当箱**は、秋田で買ったもの。何を入れてもおいしそうに見えるのと、わたしが食べる適正量が入るところ（実はコレって弁当箱選びの大切なポイント！）が気に入っています。中面は塗ってあるのでカビなどが生えづらくお手入れしやすいのもいい。

インドで買ったステンレス製の弁当箱は、ガパオライスなどの丼系のお弁当にぴったり。なにげに長い柄がついているので、**本当は鍋なのではという噂もありますが**気にしない。

パッチン止めがついたステンレスの弁当箱は、台湾のスーパーで買ったもの。底が浅めなのでおかずを並べて詰めたいときはこれ。ステンレスなのにどこか温かいのは台湾製だからかな。

会社員でなくなった最近は出番も減ったけれど、先日思い立ち、久しぶりにお弁当をつくりました。お弁当タイムの場所は、自宅ベランダ！　椅子を出し、のんびりひとりで食べるのもなかなか楽しいものですね。こんどは近所の公園に行って食べてみようかな。

手前から、秋田、インド、
台湾の弁当箱。

基本の調味料は身近なお店で手に入れたい！

さて、調味料の話です。

和食の基本は〝さしすせそ（砂糖・塩・酢・醤油・味噌）〟などと言いますが、わたしの場合、**〝せ〟より断然、〝ナ〟や〝ヌ〟の消費量のほうが多い。**

何かといえば、東南アジアの魚醤であるナンプラーやヌックマム！　カタクチイワシを原料にした発酵調味料で、タイではナンプラー、ベトナムならヌックマム……厳密には違うもののようですが、わたしは**日本でも手に入りやすいナンプラーをメインに使っています。**

ナンプラーがないと生きていけないと言っても過言ではなく、目玉焼きや卵かけご飯も、醤油じゃなくてナンプラー。ときにはお刺身もわさびナンプラーで食べるし、白身魚ならカルパッチョ風にしてレモンとナンプラーをたっぷり！　トマトとパクチーのサラダなんかも、ナンプラーとオリーブオイルで和えるといくらでも食べられます。つまり、醤油の代わりにすべてナンプラーをぶっかけるのが基本！

近所のスーパーでも売っていますが、わたしはもっぱらインターネットか、錦糸町や大久保のアジア食材スーパーで大瓶を購入。あまりにも何にでも入れるので、スーパーにあるような小瓶ではとても足りないのです。実はお味噌汁やお吸いものに少し入れても、うまみがアップしておいしいんですよ。

そう言うと「えー!?」とおどろく人もいると思いますが、秋田のしょっつる鍋の「しょっつる」も同じく魚醤! **うまみが詰まったナンプラーは、和食とも相性よしなのです。**思い切っていろんなもので試してみると、料理の幅がグーンと広がります。

調味料は IKEA で買ったワゴンに。

最強なのは**ナンプラーとごま油のタッグ**。味のパンチと香りの強さが良く合って、サラダにも冷や奴にも、炒め物にもぴったりです。

ちなみに愛用の**ごま油は、黄色いフタでおなじみの「かどや」**。醤油は、これもよく見る「キッコーマン」の**「しぼりたて生しょうゆ」**です。どちらも近所のスーパーやコンビニでフツーに

売っているやつですね。とはいえ、「かどや」の香りのキレとパンチは圧倒的だし、「しぼりたて生しょうゆ」の酸化しにくいパッケージは大発明だといつも感動！　日本の大手メーカーの味と技術と値段のバランスってすごいなと改めて思います。

塩はとくにブランドを限定していませんが、常備しているのは三種ほど。安価でパスタをゆでる湯などにガンガン使う天然塩、もう少しパラパラしていて、炒め物の味つけなどメインに使用するもの。そして、フランスのゲランドのように、仕上げにパラリと使う粗いもの。

酢は、米酢も使いますが、中国の超スタンダードな**黒酢（香酢）と白ワインビネガー**のほうが消費量は多いかもしれません。最近はスーパーでも売っているし、米酢に比べると酸味がまろやかなのでたっぷり使いやすいのです。香りがパッと華やかだから、少し加えるだけでお店の味に近づくのもよいところ。

基本の調味料に関しては**「意外と普通のものを使っているんですね」**と言われることもしばしば。実は、わたしもこだわりの調味料を取り寄せまくっていた時期がありました。でも最近は、もっぱら鮮度重視！　一升瓶のお取り寄せ高級調味料をちびちび使って酸化させるよりは、**すぐ手に入る新鮮なものをがんがん使うほうが絶対おいしい**と思うのです。だから、いつも買うときは短期間で使い切れる小さめのサイズ（ナンプラーだけは別ですが！）。それで在庫がなくなったら、パッと買いに行けるような気軽なもののほうが、今のわたしには合っているようです。

基本の液体調味料。左からベトナムのヌックマム、ごま油、醤油、生食用のオリーブオイル、中国黒酢、白ワインビネガー。これがないと料理が作れない！

シンプルなレシピにもパンチを与えてくれるスペシャル調味料は国内外で。左はクリーミーな赤腐乳、右は台南の沙茶醤。魚の干物をすりつぶしたペーストで火鍋屋にて購入。

和洋中もエスニックもスパイス万歳！

辛い料理はあまり得意じゃないけど、香り豊かなスパイスが効いた料理が大好き！　わたしの台所のラックには、いろんなスパイスの瓶がずらりと並んでいます。

わたしがスパイスを使う理由は、**ズバリ「味と風味の立体感」**。おいしい食材を塩だけでバクバク食べるのもいいけれど、スパイスをちょっと加えることで料理が劇的に変わる……。だから、いい感じに使えたときは「うまーい！　スパイス万歳！」と叫んじゃうわけです。

最初は適当でも、たくさん使ううちにスパイスの個性や自分の好みもわかってきます。そうなると、料理とスパイスの組み合わせにもどんどん幅が出てきて、大げさに言えば「スパイスと対話できる」ようになる。ここからが楽しい！

たとえば、グラタンのホワイトソースやカボチャのポタージュは、最後に**ナツメグ**をひとふり。これだけで乳製品の乳臭さが消えて、スッと洗練された印象の味になります。ナスやじゃがいも

スパイスがずらりと並ぶ一角。いつも見えるところに置いて、あらゆる料理に使います。

の炒め物も、**ホールのカルダモン**を加えることでインド風のスパイシーな味わいに。ミネストローネなど洋風の煮こみには**タイムとオレガノ**（厳密にはスパイスではなくドライハーブですが）、これを入れるか否かでも仕上がりはかなり違うものに。一振りすると、それまでぼんやりとしていた輪郭がキリッと引き締まるよう。「洋風の料理をつくってるなあ」と実感できる一瞬です。

そんなスパイスの中で、わたしが**一番好きなのはクミンシード**。この香りを思う存分吸い込むために、ムスリムの国へ出かけていると言っても過言ではありません。羊肉にばっちり合うスパイスの王様ですが、野菜にも意外と合うんですよね。わたしはいんげんやきゅうりも、クミンシードを熱した油で炒めたりしています。

中国料理系なら、**豆豉《トウチ》と花椒が大好きなツートップ**。「豆豉は刻んで、炒め物やスープの隠し味に使うと濃厚で奥深い味に。花椒はホールをすり鉢でごりごりやって、麻婆豆腐に入れるとお店の一品のような華やかな味になります。ざっと炒めただけの肉野菜炒めも、花椒をふりかけると、いきなり中国料理になるのが不思議！

日本のスパイスなら、これはもう**山椒**ですね。うなぎにしかかけない人も多いようですが、あまりにもったいない！　とくによく合うのは、揚げ物などの油もの。じゃがいもを素揚げして塩とともにふりかければ、つまむ手が止まらない大人のフライドポテトのできあがりです（ビール！）。餃子のつけだれとして、お酢にたっぷり入れても独特のさわやかさが際立ちますよ。

おすすめの六スパイス。左上から時計回りにクミン、山椒、花椒、白こしょう、豆豉、ナツメグ。

そういえば以前、**サフラン**を買おうか延々と迷ったことがありました。数グラムで千円ほどの高級スパイス。目当ての料理はサフランライスだったのですが、いざ買ってみたらそれまで代用していたターメリックを使ったものとはぜんぜん違う。色も格段に鮮やかだし、なにより気持ちが高揚するのです。けして安くはないけど、それがあるだけでしばらく幸せが続く。あのときケチらなくてよかったなと思います。

最後にスパイスの超大切なポイントをひとつだけ。それは**「香りが飛ぶ前に使い切る」**こと！　とくにパウダー状のスパイスは要注意。香りのないスパイスを使うほどテンションが下がることはありません。わたしがスパイスを棚にしまいこまず、目に見えるところに置くのもまさにそのため。ぜひ「スパイス強化月間」を作って、がっつりつきあってみてくださいね。

台所一人宴会のススメ

人それぞれ〝家の中で一番落ち着く場所〟があると思います。お風呂だったり、お気に入りのソファの上だったり、心が安らいで、のんびりできる心地いい場所。

わたしの場合、それは台所。**台所で過ごす時間が圧倒的に長いし、別の部屋で仕事をしていても、煮詰まったらついつい台所に居座ってしまう。**

「あれ、何しに来たんだっけ？」と思いつつ、なんとなく卵をゆでたり、冷蔵庫の整理をするうちに、頭のモヤモヤも整理されていく。そんな場所なのです。

わたしにとっての台所は料理をするだけの場所ではなく、生活の土台。だから**「家全体が台所だったらいいのになぁ」**なんて妄想してしまうほど。

台所の脚立に腰掛けて本を読むなんてこともしょっちゅうだし、ちょっとした長電話をするにも台所にこもります。

最近ハマっているのは「台所一人宴会」。ビールを片手にコンロの前で立ったまま肉を焼いて食べる**〝一人焼き肉〟**が楽しすぎる！　宴会とは言わないまでも、オイルサーディンの缶詰を直火でぐつぐつやりながら飲むのも定番です。行儀は悪いけど、この自由さが「大人になってよかったなー」と思う醍醐味なのかも。なにより料理って完成した瞬間が一番おいしい。「今だ！」というときに食べられるのも最高ですよね。

台所の一人宴会、ぜひぜひ一度お試しを。きっと台所がもっと好きな場所になりますよー。

HANAKO'S RECIPE NOTE

[1章の料理]

15ページ　せいろ焼売（4人分／約24個分）

1　豚肩ロース肉（800g）を包丁でよくたたく。オイスターソース（大さじ4）、砂糖（小さじ1）、ごま油（大さじ1）を加えてよく練り、片栗粉（大さじ4）をまぶした玉ねぎのみじん切り（小1個分）を混ぜ合わせる。
2　タネをピンポン玉くらいの大きさに丸め（押さえすぎない！）、皮（24枚）に等分にのせ、蒸気の上がったせいろで約8分蒸す。

19ページ　小松菜としめじの和え物（2人分）

1　小松菜（1/2わ）しめじ（1パック）はそれぞれ根の部分・石づきをとってさっとゆがき、水けをしっかりしぼる。
2　ごま（大さじ3）をフライパンで炒ってからすり鉢ですり、砂糖（小さじ1）、しょうゆ（大さじ1）を混ぜ、野菜を和える。

22ページ　ねぎと卵のナンプラー炒飯（2人分）

1　卵（2個）を溶き、塩、こしょう（各少々）を加える。長ねぎ（1本）はみじん切りにする。
2　フライパンにサラダ油（大さじ1）を熱し、卵を一気に入れて半熟になったら容器に戻す。
3　サラダ油（大さじ1）を入れて長ねぎを炒め、ご飯（茶碗2杯分）を入れて木べらでほぐし炒める。ナンプラー（大さじ1）をふり、卵を戻し入れて全体を炒め合わせる。

26ページ　骨付き鶏もも肉のスープストック（作りやすい量）

1　鍋に骨付き鶏もも肉（1本）、長ねぎの青いところ（1本分）、しょうがの薄切り（2枚）、パクチーの根（3本）、かぶるくらいの水を入れて中火にかける。
2　沸騰したら弱火にし、1時間ほど煮る。ざるでこして、使う分ずつ冷凍保存する。
※香味野菜は日ごろからまとめて冷凍しておくと便利。
スープや雑炊、ラーメン、煮こみ料理などに。

43ページ　お弁当に便利な照り焼きチキン（1人分）

1　フライパンにサラダ油（小さじ1）を熱し、鶏もも肉（1枚）の皮面を下にして入れる。ふたをして弱火で5～6分焼き、裏返して1分ほど焼く。
2　酒、しょうゆ、みりん（各大さじ1/2）を入れ肉にからめながら汁けがなくなるまで焼く。

2章

「みんなでワイワイする道具」

ワインに合う おつまみたこ焼きを「炎たこ」で

わたしは東京の出身なので、いわゆる〝郷土料理愛〟的なものがあまりありません。だから香川の人のうどん愛や、関西の人の〝粉もん〟へのアツい気持ちも、わかるようでいて本当のところはたぶんわかっていない。

たとえば、たこ焼き。東京の人間にしたら、祭りの屋台で食べるあの〝ぶよぶよしたもの〟がスタンダードなわけで。実家の電気たこ焼き器でつくるものもぶよっとしていたし、たこ焼き自体を「まぁこんなものかな」と思っていたわけです。

でも、違ったんですよね。**大阪で食べるたこ焼き、これはホントにおいしい……**（今さらすいませーん！）。外はカリッとしていて、中はアツアツのトロトロ。味も食感もまるで別の食べ物みたいに違う。

そんな大阪のたこ焼きを家で再現できるという噂を聞いて購入したのがイワタニの「炎《えん》たこ」です（ちなみに今は、「スーパー炎たこ」という後継バージョンが出ているらしい）。

イワタニの「炎たこ」。バリッと焼けまっせ！

自分で買っておきながら、最初は疑っておりました。実家の電気たこ焼き器でつくるたこ焼きの〝ぶよ感〟も知っていましたから。

でも、実際に使ってみたら……、むむっ！　うまーい！めちゃくちゃおいしい！

「炎たこ」は、家庭用のたこ焼き器にしては珍しいガス式。ご飯を炊くのも電気よりガスのほうがおいしい気がするけど、やっぱりガスの力はすごいんですね。

使い方は、カセットコンロと同じようにガス缶をセットして火をつけるだけ。すると、青い炎が二列に並んで鉄板を温めます。十分に温まったら生地を一面に流し込み、たこなどの具を入れて竹串でひっくり返せば、ステキなたこ焼き二十個ができあがり。

電気だと表面がいつまでもカリッとしないけど、「炎たこ」は先に皮をつくってから中の生地をトロトロに対流させるイメージなんですよね。

あまりにおいしいので親に電話をしたところ、「そんなはずはない。うちの電気のと勝負しよう」と挑んできたので、抱えて持っていきました。結果は、「炎たこ」の圧勝。判定した甥っ子たちが「炎たこ」のたこ焼きしか食べなかったから間違いない！

わたしはたまに一人でやることもありますが、ホムパでも大活躍してくれます。みんなでわいわいたこ焼きをつくるのは、予想以上に楽しい。

それから、これは邪道かもしれませんが、最近は〝変わりたこ焼き〟にハマっています。これが、かなりよいワインのおつまみになるんですよね。

たこの代わりにアンチョビとオリーブとクリームチーズ、酒盗やゴルゴンゾーラを入れても合う。あとは生地に青のりをどっさり入れてゼッポリーニみたいにしたり、パプリカの粉を混ぜて赤い生地にしたり。楽しみ方も自由にいろいろ。ちなみに生地は、卵と薄力粉と水のみです。

東京はたこ焼きへのリスペクトがあまりないけれど、わたしはこれでたこ焼き愛が芽生えました。本当に買ってよかった楽しい道具！　関西の人にも食べてもらって、ぜひ感想を聞いてみたいです。

具材は、ゴルゴンゾーラ、バジルペースト、アボカド、ソーセージ、コーン、明太子など。生地は出汁を使わず、薄力粉と卵と水のみ。

生地のレシピ ▶ 80 ページ

ホムパのマストアイテム 取り分けサーバー

気づけば毎月、必ず自宅でホームパーティーを開いています。さらに勢いづくと月二回ペース、ベランダ越しに見える桜が満開となるお花見シーズンともなれば、週二回くらいで家に人を呼んでいるような……。

これほど頻繁にホムパを開くのはなぜか？　それにはいくつか理由があるのですが、まず何より楽しいから。大勢でわいわいしながら飲み食いしていると、楽しすぎてお酒も料理も数倍おいしく感じてしまいます。

「準備が大変」と思われそうですが、まあたしかに大変……。ときには牛すじの煮込みやおでんなど、一晩どころか二晩かけて料理の準備をすることもあります。でもね、ぜんぜん苦にはならないのです。

だって普段あまり出番のない食器もいろいろ使えるし、みんなの喜ぶ顔を見るのもうれしい。持ち寄り制なら、集まった料理をどのお皿に盛るか考えるのもワクワクするし、おいしいもの好

トルコ風・羊飼いのサラダはホムパの定番。

レシピ ▶ 80ページ

きな友人知人と情報交換もできる。ホント、いいこと尽くめ！

だからホムパになると、日常では巨大すぎるうちのテーブル（八人掛け！）も、大きなお皿たちも大活躍。そして、お皿と一緒に総動員されるのが、取り分け用のサーバーたちです。

うちには「どんだけあるんだ⁉」という数のサーバーがありまして。実際、台所の引き出しひとつはサーバーで埋まっています。かわいいサーバーを見ると、ついつい買っちゃうんですよね。そういえば、こないだも香港でアンティークのれんげを大量買いしてしまった……。

少人数でのご飯でも料理をシェアして食べるので、うちの料理にはすべてサーバーがつくと言っても過言ではないかも。サーバーとして売られていないものも、皿の大きさに合うようならサーブ担当にしています。なかでも次ページに載っているものは、うちのスタメン。

大き目のアルミスプーン（写真右上）はベトナム・ハノイの「アルミ（だけを売ってる）通り」で買い、日本に帰ってから切りっぱなし（！）の縁をやすりでなめらかにしました。鍋やお皿と同じように旅行先で買ったものが多いけれど、カラフルなレンゲはいただきもの。パキスタン製の琺瑯《ほうろう》サーバーです。少しくすんだ赤や緑色が絶妙で、サフランライスやポテサラなど単色の料理にも映えるし、ディップ用の小皿として使ってもおもしろい。パーティー気分も上がります。

手の平サイズのミニトングは百均で購入。試しに使ってみたら小回りが利いて便利なのでまとめ買いしました。ホムパでも人気で欲しがる人が多いので、見かけたら買うようにしています。インドで買ったアルミスプーンは、色合いがシブいのでどんな料理にもぴったり。木のサーバーは、どこで買ったか忘れてしまったけれど、独特の形が好きで愛用しています。**サーバーは見た目だけでなく、添える料理のすくいやすさなども考慮しなくてはいけないのがまた面白い！**

そんなパズルのようなことさえ楽しんでいるのですが、わたしがホムパ好きな理由をもうひとつだけ。

人さまを家に呼ぶとなれば、それなりに掃除をするわけで。つまり、強制的に家がキレイになる！　だから、毎月とは言わずとも、たまにはホムパ。楽しくて家がキレイになるなんて、最高ですよね？（でも皆が帰った後には、また掃除しなきゃなんだけど！）

気楽な酒器で今日もカンパーイ！

一年三六五日、お酒を飲まない日は風邪をひいたときくらいというのがモットー（？）なわたしですが、実はお酒の銘柄にはそれほど詳しくありません。

昔はいろいろ覚えようとしたけれど、ある程度お酒を飲んでみたら、**「おいしいお酒に行き着くためには、自分でお酒を選ばない」**のがいいんじゃないかと悟ったのです。だって、お店に飲みに行けば、自分よりぜんぜんお酒に詳しく、愛のあるプロがいる。思い込みや偏った知識で選ぶより、絶対いいお酒にめぐり合えますよね。

酒屋さんでお酒を買うときも同じ。知識の広い店員さんに選んでもらったほうがいい。

「今夜は海老チリとかの中華ナイトなので、それに合うお酒を」とか「予算はこのくらいで、さっぱりした肉料理に合う白ワインが飲みたい！」とか。一緒に食べるものや気分、予算を伝えると相手も選びやすいですよね。あとは、「猛烈においしい」と思ったお酒を覚えておいて、**「〇って銘柄のお酒が好きでした」と好みの方向性を伝える**のもわかりやすいかも。

お酒に関わる仕事をしている人って、「おいしいお酒を皆に知ってほしい！」と思っている人がほとんど。聞けば聞くほど、喜んで教えてくると思いますよ。こちらが「和食には日本酒」「イタリアンにはワイン」と思い込んでいたら、全然違うジャンルのお酒を薦められて、それがまたぴったりだったり……コミュニケーションで新たなお酒の扉が開くのも楽しい！

なんて、エラそうなことを言っていますが、そんなわたしの家飲み用の酒器は、かなりカジュアル。なぜなら、**酔っぱらってすぐに割ってしまうから！**

とくにワイングラス。昔はそれなりのものを持っていたのですが、酔っぱらいの手をすべり落ちまくり、ことごとくサヨナラ。その後、紆余曲折を経て現在愛用しているのは……、**百均で入手したワイングラス**なのです！

ホームパーティーのときにこれを出すと、たまに「ウチも使ってるよ」と言う友人がいます。そうなのです、このグラス、びっくりするくらい某「リー○ル」の脚なしシリーズにそっくり。大きさといい、形といい、ガラスの質感といい、よくぞここまで堂々とつくったなというクオリティ。もちろん、わかる人にはわかるのだと思いますが、うちではこれで十分と箱買いしています。アウトドアでも惜しげなく使えて最高ですよ！

ちょっといいワインを飲むときは、脚付きのグラスで上品に。といっても、ハンドメイドの高価なやつではなくて、食洗機でがんがん洗える**マシンメイドの強化ガラス製**。家ではワインも気軽に飲みたいと思っているので、それがグラス選びにも反映されているのかもしれません。

ビールは、定番ですが松徳硝子株式会社の「うすはり」。やはり、この口当たりは唯一無二なんですよね。どうしてもゆずれないところなので、何度割ってしまっても、ＭとＬのタンブラーを箱買いしています。

日本酒用の酒器は、ガラス製がほとんど。お酒の色や、入っている量がよく見えるのがその理由です。焼き物の徳利とお猪口も持っているものの、普段使いは秋田と青森で買ったアンティークが多い。

これも高いものではなくて、秋田で買った徳利は、小さな酒屋さんにポツンと置いてあったもの。なんとなく気になって「売り物ですか?」と聞き、「ちがうけどいいよ」と三百円で売ってもらいました。すこし飴色になっていて、よく見ると歪んでいる昭和のガラス。それもまた愛嬌があっていいなー、と思っています。

左から食洗機可のワイングラス、青森と秋田で買ったガラスの徳利、百均ワイングラス、ビールもワインもいける「菅原ガラス」の富士山グラス、ガラスのお猪口。

異国情緒あふれる茶器で旅気分のティータイム

海外旅行が大好きで、これまで訪れた国は三十三か国。その中でも、とび抜けて思い入れのある国がトルコです。いったい、もう何回行っただろう……。最初に心ひかれたのはトルコ料理だったけど、通うほどにトルコ人のやさしい人柄も大好きになりました。そのハマリっぷりは、日本でトルコ語を習い、田舎の村まで行ってがっつりホームステイをさせてもらうほど！

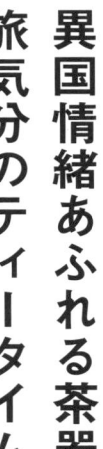

トルコでおどろいたのは、とにかく一日中チャイ（お茶）を飲むこと。朝から晩までずーっとですよ！　調べてみたら**トルコはお茶の消費量が世界一**だそう。一人当たりの茶葉の年間消費量が約三キロというから日本人の数倍ですね。一般的な紅茶に比べるとタンニンが強く、正直、最初は「苦すぎる！」と思ったトルコの紅茶。でも飲み続けるうちに慣れてきて、帰国する頃にはその苦さがなければ物足りないほど。

自宅で飲むのはもちろん、町中に「チャイ専門の出前」の店があり、好きなときに注文ができます。お盆にチャイグラスをのせて、小走りに配達をいそぐお兄さんもトルコの日常風景。さらには道を歩いていると「おーい」と呼ばれ、手招きする知らないおじさんに、**「チャイ飲まない？」**と言われたり。普通に魚屋で買い物をしていて、店の人に「飲む？」とチャイを出されたこともあるなあ。ナンパとかではなくて、純粋にお茶に誘ってくれているのです。もちろん、人の家にお邪魔してチャイが出なかったことはありません。

そんな**トルコで使われているのが二段式のティーポット、チャイダンルック**。見ているだけでうれしくなるコロンとした形ですが、上のポットには茶葉入りの濃い紅茶を入れ、下のポットではお湯を沸かします。

トルコの家では、これを一日中ずーっと火にかけておいて、上の紅茶（かなり濃い）を下のお湯で好みの濃さに割るスタイル。イギリス人には怒られそうな飲み方ですが、このゆるい感じがいいし合理的

レシピ ▶ 80ページ

ですよね。日本でも、家にこもって作業する日なんかにはもってこい。

チャイダンルックは現地でもステンレス製のものが増えてきていますが、わたしは断然アルミ製が好き。ペラペラな質感がたまりません！

もうひとつよく使う茶器は、北アフリカのモロッコで買ったティーポット。お菓子とともに来客をもてなすときに使うとあって、こちらはすこしエキゾチックでエレガントな雰囲気。専用のコップやお盆と一緒に、丸ごとかついで帰ってきました。ホムパでシメに出すと、その珍しさもあって必ず盛りあがります。

このポットでつくるのは、**モロッコティー**と呼ばれるハーブティー。**「ガンパウダー」という緑茶の茶葉と砂糖、フレッシュミント、それからセージなどを入れて、じっくり煮だして飲む。**日本でよく飲まれているドライのミントティーとは違い、フレッシュのハーブならではの香りがすばらしいのです。甘いモノが苦手なわたしですが、これだけは甘くないとしっくりこないお茶。また、現地で見たお作法も、独特で感心しきりでした。熱湯をかなり高いところから注いだり、混ぜる代わりにコップに注いだお茶をポットに何度も戻したり……。お茶ひとつにしても、異文化を知るのも旅の楽しみです。

仕事が一段落してほっと一息ついた午後のひととき、ほんのり甘いモロッコのミントティーを飲むと、迷路のようなマラケシュの路地や、いろんな旅の思い出が目に浮かんでくる道具です。

土鍋愛が幸せを運んでくる

毎日は使わないけれど、たまに使うとものすごく幸せを感じる台所道具があります。土鍋もそのひとつ。たとえば、土鍋で炊いたご飯を味わう喜びはもちろんですが、炊きあがるのを待つ時間でさえも味わいのひとつ。炊飯器のスイッチを押すだけでは感じられない幸福が、そこには確実にあると思うのです。

もちろん、「炊飯器はキライ！」なんてことでは全然ありません。わたしだってお弁当を作るときは、バリバリの炊飯器派。十分おいしいし、朝起きればホカホカのご飯が炊けているなんてありがたすぎる。でも、すこし心に余裕があるときや、いい素材やお米が手に入ったとき。**「きょうは土鍋で料理をしたい！　いや、絶対にするのだ！」**という決意と〝土鍋愛〟が、どこからかむくむくと湧いてくるのです。

一番よく使う土鍋は、「土楽」と「ほぼ日」がコラボした「うちの土鍋シリーズ」のもの。煮る、炊くだけでなく、焼く、炒めるもできる優れもので、黒光りする圧倒的存在感も魅力です。

ご飯が四合炊けるので、
来客時は具入りのご飯を
炊いて土鍋ごとテーブル
に出すと盛り上がる！

レシピ ▶ 80 ページ

もっぱら日常の**ご飯炊き専用として活躍しているのは、「長谷園」の「かまどさん」（二合炊き）**。炊飯用の土鍋として作られているだけあって、直火に当たる部分がかなり分厚く、しっかりと熱を蓄える構造になっています。つまり、お米の芯まで熱が通って、ふっくら炊きあがる。それから中蓋は圧力釜の機能も果たしているそうで、吹きこぼれを防止。それほど神経質にならなくても、ご飯を上手に炊いてくれる心強い道具です。

それから、大学生の頃にインテリアショップの「ケユカ」でたまたま買って以来、ずっと使っている小さな白い土鍋。一人暮らしのときは、アパートの狭いキッチンでコレを使って何でもつくっていたのを思い出します。うどん、鍋物、雑炊、スープ、**そして何より、「サッポロ一番塩らーめん」**！　うーん、この土鍋で何十回作ったことか。

わたしは、うどんもラーメンも、麺がすこしブヨブヨになるまで煮こむのが好き。できあがったら、お行儀悪くそのまま土鍋からハフハフして食べるのがお約束でした。実は、いまでもたまに酔っぱらうと、**夜中にコレで締めのインスタント麺をつくって食べている**らしいんですよね。翌朝の流しに〝証拠〟が残っていて、「わー、やっちゃった！」と反省することもしばしば。

とはいえ、鍋はいくらでもあるのに、酔っていてもこの土鍋を出してくるなんて……。もう縁も欠けていて普段は奥深くしまわれているのですが、こんなことがあると妙に愛着が湧いて、なかなか捨てられないから困ります。

左から十数年前に買った「ケユカ」の土鍋、毎日のご飯炊きに愛用している「長谷園」の「かまどさん」。

学生時代に何十回も食べた、この土鍋でつくるインスタントラーメン。思い出の味。

うちの収納はオープンが基本

料理好きな人（とくに男子）と話していると、**飛行機の〝コックピット〟みたいな台所**に憧れる人が多いようです。話を聞くと、「（狭くても）すべての道具や調味料があるべき場所に、見えるように収納する」ことが大事だそうで、「ビシッと工具箱のように整頓されていることにうっとりする」のだとか。

わたしは決して整理整頓が得意なほうではないので、わりとなんでもかんでも〝ドサッとまとめて収納する派〟……だったのですが、最近はまわりの影響もあって意識的に整頓するようになりました。

キーワードは「オープンキッチン」。**よく使う道具たちはなるべく見えるように収納してあげる。**

ねじ切り棒の両端にナットをつけ、強力吸盤にわたして、S字フックをかけたラック。使ったらもとの場所へ戻すのが鉄則！

キッチンツールはかける、吊るす。調味料は瓶に入れてコーナーにまとめる。バットやボウルはスチールラックに、お皿はすべてオープンラックに入れておく。

そうやって台所を〝見える化〟してみると、ふむふむ、確かに便利なんです。料理の最中に、「あれ（たとえばトングとかすりこぎとか）どこだっけ？」とか「あ。このお皿、最近全然使ってない」ということも激減。全体の台所作業が時短になるし、持っている道具の活躍度も上がる。そして何より片付けがラク。

スッキリなにもないようなおしゃれな台所への道はほど遠いけれど、大好きな道具に囲まれるのは最高の幸せ。うちの台所はなかなかいい感じになってきたなーと思う今日この頃です。

HANAKO'S RECIPE NOTE

[2章の料理]

61ページ　おつまみたこ焼きの生地（約40個分）

1　ボウルに薄力粉（140g)、塩（小さじ1/2)、卵（2個)、水（3カップ）を入れて、だまにならないよう泡だて器で混ぜる。1時間以上、ねかせてから焼く。

63ページ　羊飼いのサラダ（2人分）

1　きゅうり（1/2本）はすべて皮をむいて5㎜角の角切り、トマト（1個)、紫玉ねぎ（1/2個）も同じ大きさに切る。
2　ボウルに1、黒オリーブ（10個)、レモン汁（1個分)、オリーブオイル（大さじ1)、塩、こしょう、ゆかりふりかけ（各少々）を加え混ぜる。

72ページ　モロッコミントティー（2人分）

1　ポットにガンパウダー（緑茶の葉でも可・大さじ1～2)、角砂糖（4個)、ミント（5g)、セージ（2～3本)、熱湯（2カップ）を入れて1～2分蒸らす。

75ページ　土鍋でおいしい豆ごはん（4～5人分）

1　土鍋に洗った米（2合）と同量の水を入れて30分ほど置き、塩（小さじ1）を加え、ふたをして中火にかける。
2　沸騰したら、さやをむいたグリンピース（さや付きで200g）をのせて弱火にして15分ほど炊き、火を止めて5分蒸らす。

[3章の料理]

95ページ　お義母さんの伊達巻き（作りやすい量）

1　オーブンは170℃に予熱する。フードプロセッサーにはんぺん（200g）を入れてかくはんする。
2　ボウルに1、卵（8個)、だし汁（大さじ4)、はちみつ（大さじ3)、砂糖（大さじ4)、塩（小さじ1/2）を入れて泡だて器でよく混ぜ、ざるでこす。
3　オーブン用天板にオーブンシートを敷き、2を流し入れ、中段で20～25分、焼き色がつくまで焼く。竹串を刺して何もついてこなければ焼き上がり。
4　粗熱をとってオーブンシートをはがし、焼き色がついた面を下にして鬼すだれにのせる。横方向に何本か浅く切れ目を入れ、しっかり巻き、すだれに輪ゴムをかけて冷ます。

3章

「気持ちを満たしてくれる道具」

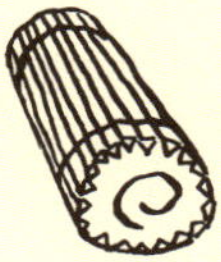

世界を歩いて集めた魔法のお皿たち

本棚を見ればその人の半生や人となりが見えると言いますが、食器棚も似ているかも。そんなふうに思います。

お皿は毎日使うからこそ、必ずその人らしさがにじみ出るもの。だから、料理を盛った皿を見たお客さまに、「ステキな皿だね」とか「どこのお皿？　かわいい！」なんてほめてもらうと、素直に「わーい、うれしー！」と喜んでしまいます。

とはいえ、うちで使っているお皿に、さほど高価なものはありません。なかには一枚数百円なんてものもあるくらい！　日本で買ったいわゆる〝作家もの〟でわたしが重宝しているのは井山三希子さんのオーバル皿（白と黒）で、あとはほとんど海外で買ってきたお皿たちです。

タイ、台湾、ベトナム、マレーシア、香港。ヨーロッパだとフランス、ポルトガル。それから、モロッコにウズベキスタン。現地で高くても三千円しないくらいのデイリー使いできる価格で買ったお皿を日々愛用しています。

学生の頃から旅が好きで、思い出代わりに一枚、二枚とお皿を買っていたのがことの始まり。いつの頃からか旅のスケジュールには、必ず**その国の〝陶芸の町〟**を加えるようになりました。日本で言えば、栃木の益子《ましこ》や沖縄の読谷村《よみたんそん》のような町が、世界にもあるわけです。ベトナムならバッチャンやソンベ、ウズベキスタンならギジュドゥヴァン、モロッコならフェズ……。普通はあまり観光で行かないようなエリアだったりもしますが、それもまた魅力的。

モロッコのフェズでは、わたし好みのお皿が町中に！「うおー、ぜんぶ欲しい……!!」とハァハァしながら買いまくりました。その結果、とんでもないキロ数の手荷物になり、鞄を持ち上げるのもやっとの状態……。それでも空港カウンターの人に怪しまれないよう「ぜんぜん軽いでーす♪」みたいなふりをしながら帰国したのも良い思い出です。本気で肩がはずれるんじゃないかと思いながら持ち帰った根性手荷物！

一方、骨董市やふと入ったお店で好みのお皿に出合えたときもうれしいものです。

ポルトガルのリスボンをぶらぶら散歩していたときのこと。中心地から離れた場所に、小さな骨董品屋さんがありました。食器は探していたものの、「わー。アンティークって、絶対に高そう。見るだけにしよう」と、あまり期待はせずに入店。ところが店のおじいさんはまったく商売っ気がなく、ニコニコいい感じの雰囲気なのですよ。

しかも、ふと床を見ると、紐で結わえたホコリだらけのお皿が何十枚も積んである……。手書

モロッコ
フランス
モロッコ
モロッコ
ポルトガル

ヨーロッパとアフリカの皿。ポルトガルの骨董品店で買ったスミレ皿、ボウル、フランスの蚤の市で買った皿、トルコのチャイ皿、モロッコの柄皿。

きの値札には「一枚二ユーロ（三百円くらい）」!?

がぜん興味が湧いてお皿のホコリを払ってみると、これがめちゃめちゃかわいい。「やぁ、こんなところにありましたか！」みたいな。スミレのような花柄がついた素朴なお皿、いまでも大事に使ってますよー、おじいさん！

そんなことあんなことを思い出しながら、お皿を使うたびにひとりでニヤニヤするのも、旅先でお皿を買う醍醐味かもしれません。

どんなお皿が好きかと訊かれたら、うまく答えられないけれど、ひと言で言うなら**〝肩の力が抜けた皿〟**。その土地の文化が反映された素材やデザインでありつつ、現地の一般家庭や食堂で使われているような、「普段のお皿」に惹かれてしまいます。

ベトナムのお皿でいえば、蓮などの柄が華やかなバッチャン焼きも素敵だけど、素朴なソンベ焼きも魅力的。食堂や学食で使われているお皿で、現地の市場では紐に縛られた十枚セットを買いました。ちなみに、それでも小皿なら全部で数百円。同じモチーフの柄でもすべて少しずつ違う、「ザ・手描き！」なゆるい感じがかわいくてたまらないのです。

それから業務用といえば、**ウズベキスタンの〝国民皿〟**。ウズベキスタンは中央アジアにあるムスリム国ですが（羊肉好きには天国！）、旧ソ連領だったのでロシア文化の影響を受けています。〝国民皿〟は、わたしが勝手に命名したお皿のこと。深い青い地に金色で綿花の図柄が描かれていて、旧ソ連時代はすべてのレストランでこのお皿が使われていたといいます。今でも、現地のレストランではかなりの確率で目にしますが、政治と食文化のつながりを感じるお皿ですよね。あまりにも現地でこの国民皿を見ていたせいか、買ってきた当初は、この皿にウズベク料理しか盛りたくありませんでした。でも、ためしに刺し身や玉子焼きを盛ってみたら、これが意外にお似合いなのです。

海外で買ってきたお皿に日本の料理を盛りつける――。

ちぐはぐなようでいて不思議としっくりくるし、そういえば和の素材にハーブやスパイスを合わせるレシピはわたし好みでした。たとえば、鯵の干物にディルをどっさりのせたり、冷ややっこにミント、塩、こしょう、オリーブオイルをかけてみたり。レシピもスタイリングも、国を越えた意外な出合いが楽しいのです。

お皿自体が持つ力でいえば、海外のお皿はテーブルの上でも抜群に絵になるのがうれしいところ。バターライスのようなシンプルな料理でも、ウズベキスタンやモロッコの大皿を使うとそれだけで華やぐし、ホムパに出せばみんなが「わー!!」と喜んでくれるんです。

もちろん一人の食事でも、お気に入りのお皿を使えばテンションがアップ。「今日はあのお皿で食べたい」と思ってメニューを考えてみるのも楽しいもの。

お皿は器であるだけでなく、料理をもっとおいしくするスパイスのひとつなのかもしれません。

ウズベキスタン
タイ
香港
ウズベキスタン
ウズベキスタンの
国民皿
ウズベキスタン
ウズベキスタン

アジアの皿。ウズベキスタンの作家皿、国民皿、ベトナムのバッチャン焼きとソンベ焼き、タイのセラドン焼き、香港のペニンシュラボウル。

うちのお皿、こんな風に使ってます

アフガニスタンやモロッコの大鉢でインド料理パーティー！　国が違っても土の質感が同じなら違和感なし。

モロッコの百合のような花の絵がついた皿。シンプルに卵サンドを盛るだけでも柄がかわいいので絵になる！

水色が鮮やかなモロッコ鉢に中東コロッケ「ターメイヤ」をのせて。アメリカのダイナー皿にはトマトサラダ。

ポルトガルのアンティーク店で買ったスミレ柄の皿。かわいらしいものを盛りたくなり、スナップえんどうのサラダを。

お花見ホムパでよく作る桜の塩漬け入りおにぎりは、ベトナムのバッチャン焼きの大皿へ。ハランや粽用の葉を敷きます。

ウズベキスタンの作家皿は柄が繊細。パーティーの取り皿としてクスクスやラペ、サモサなど盛りだくさんに。

ある日の朝食。長谷園の土鍋でごはんを炊き、ベトナムのソンベ焼きに目玉焼き、バッチャン焼きにキムチを盛りました。

ウズベキスタンの国民皿、アフガニスタンの大鉢、モロッコ鉢、それぞれに伝統的なトルコ料理をのせて。

憧れのお義母さんと鬼すだれの思い出

「鬼すだれ」は、太巻き用の巻きすに見えますが、比べてみるとかなりごつごつした、断面が三角の竹の棒をすだれ状に編んだもの。まさに「鬼のすだれ」です。

うちにあるものは、数年前、思い立ってＡｍａｚｏｎでポチッとしただけのノーブランド。出番は一年にたった一度しかありません。でも、思い入れのある大切な道具。

晴れ舞台は年の瀬の台所――。おせちをつくるときに活躍してくれます。オーブンの天板に流し入れて焼いた卵液をくるくる巻いて、そう、伊達巻きをつくるための道具です。

わたしが、おせちをつくるようになったのはここ数年のこと。

もともとおせちへの興味はあまりなく、自分でつくるなんてとんでもない！　結婚当初のお正月は、お義母さんがつくるおせちをいただいていました。秋田から東京までおせちの具材を送ってもらい、それをせっせとお重に詰めるだけ。

なんともダメな嫁でしたが、わたしは毎年、誰よりも義母のおせちを心待ちにしていました。

それは単純に、ものすごくおいしかったから。パーツごとに煮て別々に詰められたお煮しめ、美しく輝く黒豆、しっとりほくほくの栗きんとん、ほどよく味の染みた結び昆布……昆布は身欠きにしんを一緒に煮てあるのが秋田のおせちらしかった。そのほか、基本のおせちがひとつひとつ丁寧に手作りされ、「おせちって、こんなに素敵なものだったんだな」と心底感動したのです。

お義母さんは、本当に料理が上手な女性でした。わたしが亡き夫と結婚したのも、決定打になったのはお義母さんの梅干し。プリプリねっとりして、塩梅も完璧……あまりのおいしさにバクバク食べまくり、「こんな梅干しを食べて育ったのなら、絶対いい人に違いない」と思いました。

秋田から出たことのない人だったけれど、和食はもちろん、ビーフシチューやクリームコロッケ、かぼちゃプリンなどのお菓子もお得意。わたしは結婚してからも隙あらば秋田に行き、いろんな料理を教わりました。きりたんぽ鍋のせりは、根付きのまま入れるのを教えてくれたのも義母。春先に小ぶりの鯛とじゅんさいでつくるしょっつる鍋のおいしさを教えてくれたのも、シャキシャキした食感のミズという山菜の食べ方を教えてくれたのも義母でした。

秋田駅前の市民市場へも、ふたりでよく買い物に行ったなあ。東京育ちのわたしは、「市場で日常の買い物をする」ことに多大な憧れがあるのですが、「ハタハタなら佐藤さんのとこ」「斉藤さんの身欠きにしんはおいしいの」「昆布締め用の昆布ならこっちね」と解説しながら、バリバリの秋田弁で買い物をする義母をどれほど尊敬のまなざしで見つめたことか。

嫁姑といえば、複雑な関係になるのが世の常。でも、わたしは幸せなことにお義母さんの人柄とお義母さんの料理が大好きな嫁でした。

そして、とくに感動したのがおせちの伊達巻き。

「こういうの、わたしも作ってみたいです」と言ったら、玉子焼き器じゃなくて「オーブンで焼くのよ」って。「卵にハンペンとハチミツを混ぜて、ロールケーキみたいに焼いて、鬼すだれでくるくる巻くの」。

義母の料理には主婦の知恵が詰まっていて、家庭料理のすばらしさを教えてもらいました。もっともっと料理のことを教わりたかったけれど、夫が病気で亡くなった翌年、お義母さんもそれを追うように亡くなりました。

それから、ふと、「伊達巻き食べたいな」と思ったのはいつだったかな。たしか真夏だったと思うけれど、いても立ってもいられず、パソコンの画面をクリックして鬼すだれを注文。届いてすぐに伊達巻きをつくって一人で食べました。

お義母さんの伊達巻きには、まだまだかなわない。でもこれからも年末に一度、おせちの楽しさを教えてくれた大先輩を思い出しながら、伊達巻きをつくり続けると思うのです。

伊達巻きのレシピ ▶ 80 ページ

テルビエ鍋の油じゅわっ！で劇的なおいしさをつくる

わたしの愛する〝トルコの台所道具第二弾〟は、銅製のテルビエ鍋！　ずーっと欲しかったので、数年前、現地の市場で買ってきました。これが見た目もステキなうえ、本当に便利。わたし的には、なくてはならない料理道具となりました！　……と盛り上がったところで、ほとんどの人は「テルビエって何？」だと思うので説明をしますね。

まず、「テルビエ（terbiye）」はトルコ語。料理用語では、**「スープのトッピング」**を指します。もともとは「教養」と同義語で「しつけるもの」「身につけるもの（dressing）」という意味が転じて「料理の味を決めるトッピング」のことを呼ぶようになったのだとか。トッピングといってもパセリやクルトンではないのがトルコ流。トルコの味噌汁とも呼ぶべき「レンズ豆のスープ」には、大量の溶かしバターにドライミントを入れた「テルビエ」を加えます。

この鍋は、主に直火でバターを溶かすためのもの。**そのためだけに専用鍋が存在する訳です。**

レシピ ▶ 108 ページ

市場で売られている銅製のテルビエ
鍋。どこの家庭にもある一般的な調
理道具でサイズもさまざま。

それほど、トルコ人はスープが大好き。あ、もちろん普通の小さなフライパンでもできるんですけどね……なにしろわたしは道具好きなもので、ずっと欲しかったのです！

レンズ豆のスープはレンズ豆、にんじん、玉ねぎを煮て、ポタージュ状につぶしたものがベース。シンプルなので、途中で味見をすると、なんともぼんやりした味に感じます。でも！　仕上げに**溶かしミントバターのテルビエをじゅわっと投入**すると、劇的なコクと香りのスープに大変身！　別物のように、バッチリおいしくなるのです。まさに〝料理をしつける〟感じ。

わたしの家では、このテルビエ鍋がトルコ料理以外でも大活躍。

たとえば中華。軽く塩を振って酒蒸しにした白身魚に、白髪ねぎをどっさりのせます。その上から、テルビエ鍋でアツアツに熱した大さじ一から二杯程くらいのごま油をバチバチッと全体に。白髪ねぎに香ばしさが出て、もうこれだけでうまーい！

それから麺類。ゆでたての中華麺をオイスターソースや酢で和えて、刻んだ万能ねぎをバサッと。そこにも熱々のごま油をジュワーッとかけて、よく和えて食べると最高！　豆腐に薬味と熱々のオリーブオイル、しょうゆバージョンなんかも、おつまみによく作ります。

月に何回も使うので、もう底のほうはだいぶいい感じに焦げ、アルミとはまた違った質感に。トルコの台所を覗くと、どの家庭にもかなり年季の入ったテルビエ鍋がありました。うちの鍋もいつかあんなふうになればいいなと思っています。

楽しい気持ちになるクスクシエール

うちにはクスクスをつくるためだけの鍋「クスクシエール」があります。わたし好みのアルミ製で、とても軽い。二段になっていて、下段でコトコト煮込みをつくっていると、その蒸気で上段のクスクスが蒸せるという便利なもの。モロッコへ行ったときに市場で買い、かついで帰ってきました。

わたしが、この鍋でよく作るのは羊と残り野菜のクスクス。クミンシードと塩をもみこんだ羊肉をオリーブオイルで炒めたら、冷蔵庫にある野菜（たとえば、にんにく、玉ねぎ、きのこ、オクラ、パプリカなど）を加えて軽く炒めます。そこにざく切りのトマトをガバッと入れて、塩で味つけ。これを煮込んで、蒸し上がったクスクスにかければ完成！　赤ワインが飲みたくなる定番の味です。

ちなみに現地では、蒸しあがった熱々のクスクスを素手（！）でほぐすのが〝できる嫁の条件〟。うーん、そこは真似できないけど、この鍋は使いこんでいきたいなと思うのです。

秋冬に大活躍してくれるモロッコのクスクス専用鍋。上の段にはクスクス、下の段にはソースとなる煮込み。上段の底に穴が開いていて、そこから蒸気が上がります。

レシピ ▶ 108 ページ

読むたびにお腹がすく　わたしの愛しの本たち

子どもの頃から本を読むのが大好きで、いまでも好きな本を読みながらワインを飲んでいるときが至福の時間。巨大な本棚にはぎっちりと本が入っていて、その八割くらいは食関係の本。食であればジャンルは問わず、レシピ本から写真集、ドキュメンタリー系の本もあれば、小説も読む雑食系です。

歴史系の本で圧倒的におもしろかったのは**『最古の料理』**（ジャン・ボテロ、松島英子訳／法政大学出版局）。最古と謳うだけあって、載っているのは世界最古のフライパンの写真やメソポタミア料理のレシピ。紀元前のくさび形文字レシピを翻訳するというおもしろすぎる試みをしています。そうだよなー、当然だけど、その時代もみんながご飯を食べてたのよね。肝心のメニューは、意外にも「山鶉《やまうずら》の煮込み」とか「鳩の煮込み」とか、かなりおいしそう。レシピは「お前は水を用意する」とか、なぜかビシッと命令形なのも斬新です。

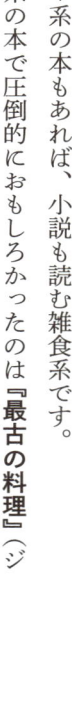

一生手元に置きたいのは**「世界の食べもの週刊朝日百科」**（朝日新聞社）。昭和五〇年代に刊行された、世界中の食文化についての冊子を集めたシリーズです。なんといっても、新聞社ならではの贅沢な取材力……。これほどの資料は、もう時代的にも作れないのではないかしら。このシリーズは古本屋などで見かけるたびに数冊ずつ買い足していたのですが、最近、全一四五冊＋別冊がまとまってネットオークションに出品されているのを発見して即クリック。念願の全巻がそろいました。うれしすぎて、去年のお正月休みはずーっと読んでたなあ。

料理の本って、読んでいるだけでお腹がすいて幸せになれるし、写真集ならパラパラ見てるだけで時間を忘れてしまいます。

もちろんわたしの人生にどーんと影響を与えてくれた本もたくさん。

膨大なレシピ本はさておき、今でも懐かしく読み返すのは**『スマイルフード』**（マガジンハウス）。二〇〇〇年に出た本で絶版になっていますが、当時ご活躍されていた編集者やスタイリスト、カメラマンなどが「個人的に食べるとにっこりしちゃうもの」を紹介しています。載っていた「東京フロインドリーブ」の食パン、「ANA」のインスタントコーンスープ、「イル・ド・フランス」のカスレ、「吉兆」のだし、「万惣フルーツパーラー」の持ち帰りホットケーキ、「とらや」の羊羹用トートバッグ、「八竹《はちく》」のバラ寿司……。端から買いに&食べに行きました。当時はインターネットも普及しておらず、誰が何を食べているかはあまりわからない時代。「こんな世界があるのか」と興奮したし、いまの仕事にもつながっている一冊です。食いしん坊仲間の間でも「読んでた！」「憧れた！」と話題に上ることが多い本で、「もしわたしたちが、今の『スマイルフード』を作るなら？」というネタは呑んでいるときのテッパン。誰に出てもらうかを勝手に妄想して盛り上がっています。

江戸の料理と食生活
HUGH FEARNLEY-WHITTINGSTALL
THREE GOOD THINGS
HEALTHY INDIAN COOKING
伊藤理佐

今日の夜は、何つくろ？

「毎日献立を考えるのが大変だ」という話を、友人知人から聞くことがあります。どうしても**マンネリになってしまうし、新しいメニューを考えるのがメンドー！**うんうん、わかります。料理が苦手な友だちに聞くと、手持ちのメニューが少ない→適当に作る→おいしくない、の悪循環にハマっている人が多いのかも。

わたしの場合は苦になるどころか、朝ご飯を食べながら「昼ご飯は何がいいかなぁ」、昼ご飯を食べながら「夜は何食べよっかなー」と考えているような食生活。献立が思いつかないということは、ありがたいことにまずありません。

こんなわたしが友人にすすめるのは、**「いきなり新しい料理にチャレンジしない」**ということ。

たとえば、肉じゃがのような定番レシピの食材や調味料をちょっとだけ変えてみる。いつもは豚バラを使っているなら、鶏ひき肉にしてピリ辛にするとか、トマトを加えて洋風にするとか。それだけでもかなりアレンジ感が出ます。

普段のメニューにディル、しそ、ねぎ、ミントなどの薬味を加えてみるのもオススメ。和洋の区別には縛られず、好きなものをアクセントに使ってみてください。スーパーで買ってきたお惣菜やパックの刺し身も、格段においしく豊かになりますよ。

少しずつバリエを増やした先には、きっと新しい食材やレシピにもチャレンジしたくなるはず。肩の力を抜いて、毎日の食卓を楽しみましょう！

HANAKO'S RECIPE NOTE

[3 章の料理]

97 ページ　トルコのレンズ豆のスープ（4～5人分）

1　鍋にレンズ豆（200g）、粗みじん切りのにんじん（1/2 本）、玉ねぎ（1/2 個）、トマト（1個）、水（7カップ）、塩（小さじ2）を入れて中火にかける。
2　豆が煮くずれたら、ブレンダーでかくはんする。
3　テルビエ鍋にバター（大さじ2）とドライミント（大さじ1）を入れて弱火にかけ、香りが出たらスープに加え入れる。

101 ページ　羊のクスクス（作りやすい量）

1　クスクスは同量の熱湯で戻し、蒸し器で5分ほど蒸してバター（大さじ1）を混ぜてほぐす。
2　羊肉の薄切り（400g）にクミンシード（大さじ1）、塩（小さじ1）をもみこむ。玉ねぎ（1個）、パプリカ（1個）は薄切り、マッシュルーム（5個）は半分に切る。トマト（3個）はざく切りにする。
3　鍋にオリーブオイル（大さじ1）、つぶしたにんにく（1かけ）を入れて中火にかけ、羊肉、玉ねぎ、パプリカ、マッシュルーム、トマトの順に炒める。ひたひたの水、塩（小さじ1）を入れて、全体にとろみがつくまで煮こみ、ククスにかけていただく。

[4 章の料理]

112 ページ　しそとチーズのホットサンド

1　バウルーに食パン（8枚切り・1枚）をのせ、スライスチーズ（1枚）、ちぎったしそ（4枚）をのせ、もう1枚食パンをのせてふたを閉める。
2　両面それぞれ2～3分ずつ、焼き色がつくまで焼く。

115 ページ　みりんと塩の黄色い卵焼き

1　ボウルに卵（2個）を溶き、塩（ひとつまみ）、みりん（大さじ1）、水（大さじ1）入れて泡だて器でよく混ぜる。
2　玉子焼き器にサラダ油を薄くしき、1/3 量の卵液を入れてざっと混ぜて芯をつくる。
3　空いた場所にサラダ油を薄くしき、芯の下にも流し入れるよう残りの 1/3 量の卵液を入れて焼く。
4　半熟のうちに全体を巻き、残りも同様にする。

4章

「一生使いたいこの逸品」

バウルーでつくる禁断のホットサンド

かつて昭和四〇年代の半ばから五〇年代にかけてブームが巻き起こったというホットサンド。当時、ホットサンドメーカーは一家に一台が必須だったそうなので、「あったあった！　懐かしい！」と思う人も多いはず。

最近はアウトドアで使う人も増えたり、テレビで紹介されたりして、またブームに火がついているようです。

なかにはＩＨ対応の新製品も出ていますが、いまでも根強い人気なのが当時のブームを牽引した「バウルー」のサンドイッチトースター！　わたしは大学生のときに買いました。つくりもシンプルだから、見た目はかなりの年季でも、ぜんぜん壊れない。

はじめにお伝えしておくと、**このバウルーは危険な道具です**。なぜなら、これでつくるホットサンドがおいしすぎて、ハマるとみんなどんどん太っていくから……！　実際わたしも一時期ヤバかった、禁断のキッチンアイテム。

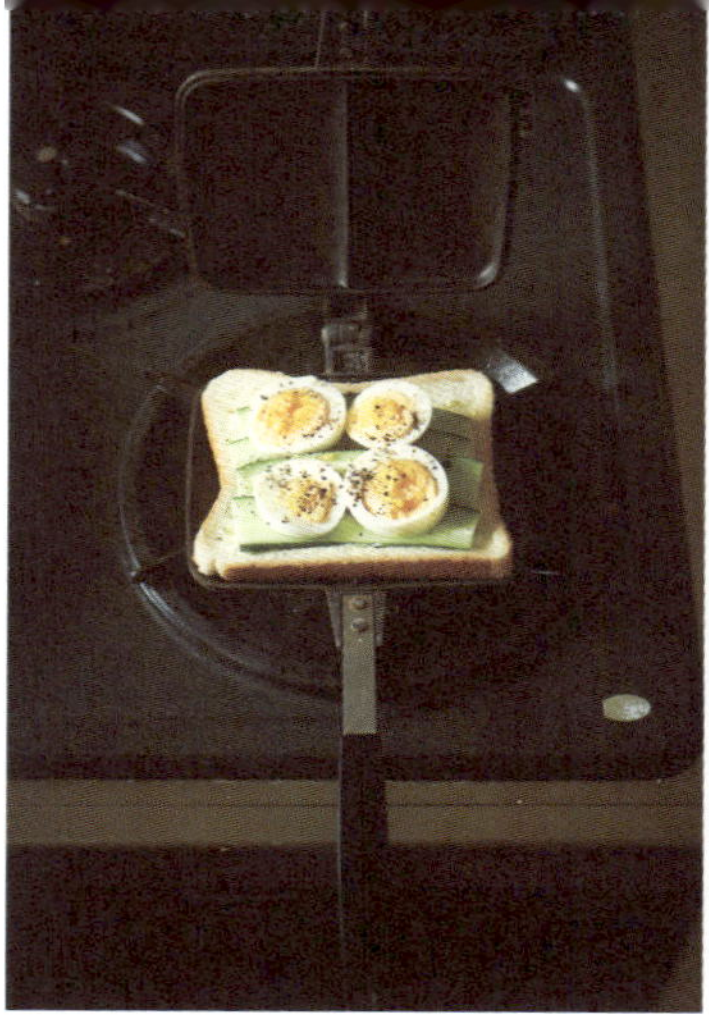

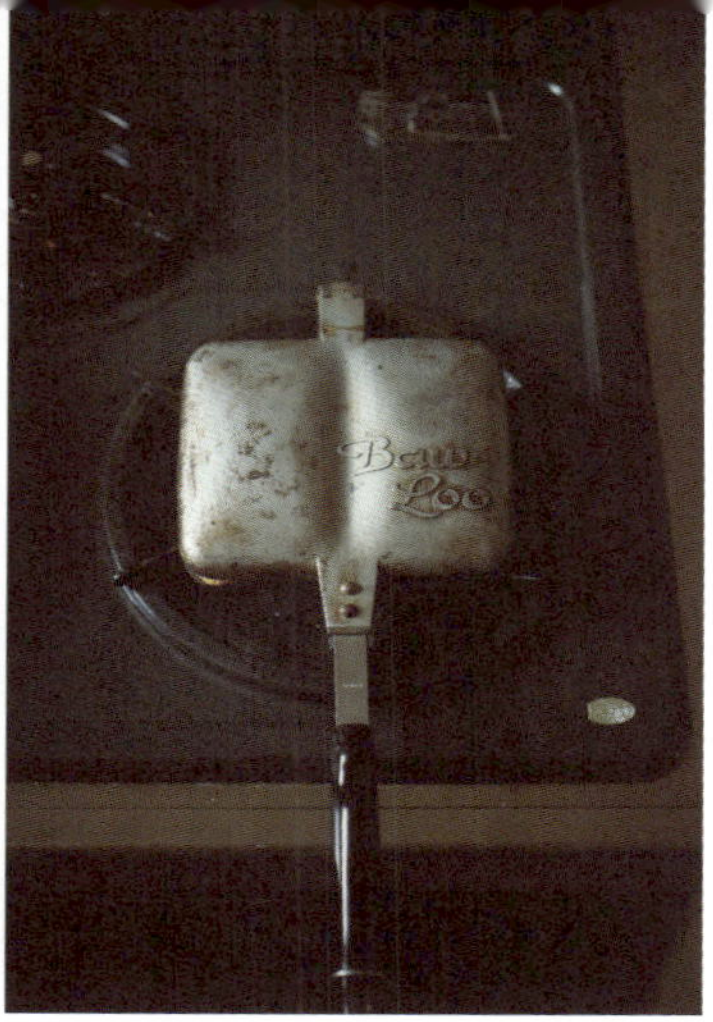

そんな恐怖に怯えつつ、わたしはいまでもトーストより断然バウルーのホットサンド派。

ふたがパチッと閉まり、中を密閉したまま直火で焼くので、パンや具材の水分を逃しません。だから外側はカリッとしているのに、中はしっとりもっちり。ローテクなのに合理的な構造なのです。

それから、かなりどんなものでも自由に挟めるのがうれしい。

わたしの定番は、**「ゆで卵ときゅうりのホットサンド」**。まず食パンにマスタードとマヨネーズを片面ずつ塗り、薄切りのゆで卵ときゅうりを並べます。パンをのせて、ふたをしたらパチンとクリップではさんで両面二分ずつ。こんがり焼き目がついたら、切り分けていただきます。うう一ん、冷たい具と、温かいカリカリパンのコントラストがたまらない！　**ハムとコールスロー**や、**チーズとキャロットラペ**なんかをはさんでもいけますよ。

レシピ ▶ 108 ページ

ホットサンドに使う食パンは味がリッチすぎるとダメで、わたしはいつも「パスコ」の「超熟（八枚切り）」を使っています。具をたくさん入れたい場合はサンドイッチ用の十二枚切りにして、これでもか！　とぎゅうぎゅうに詰めるのもあり。「もう閉じないんじゃないの？」と思っても大丈夫。バウルーはできる子です。

ある意味、バウルーは小宇宙。わりとなんでも受け入れてくれるので、ためしに唐揚げやコロッケ、豚のしょうが焼きとキャベツの千切りを挟んでみたりもしています。パンはご飯と同じ存在だと思えば、意外とイケる！

そして最強においしいのが、**「しそとチーズのホットサンド」**。学生の頃から、もう何十回つくって食べただろうか……。

つくりかたは、パンの間に溶けるタイプのスライスチーズとちぎった大量のしそ（五〜六枚）を挟み、バウルーで焼くだけ。調味料も入れず、**「何も足さない、引かない」**の精神で！　とろけるチーズのまったり感に、さわやかなどっさりしそ（ポイントは大量！　一枚や二枚ではいけません）、そしてパンのサクサク感……われながら、なんと素敵なレシピを思いついてしまったのか。ああ、うまい。もぐもぐ。ビールにも合います。

しつこいようですが、食べすぎ注意！　でも家に一台あれば、幸せなホットサンドライフが約束される名品です。

テーブル映えもバッチリのオリーブの木のまな板

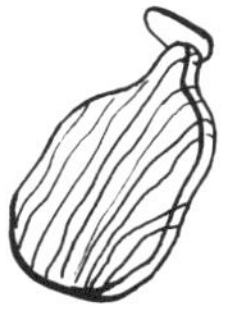

うちにはまな板が何枚かあります。

メインで使っているプラスチックのものは、実用面だけを考えればなんの文句もありません。ただ、「なんとなく味気ないよなぁ」と思っていたときに出合ったのがオリーブの木のまな板です。ずっしりした一枚板で、イタリアの職人さんが作ったものだそう。プラスチックのまな板とは、圧倒的に違う存在感。見れば見るほど、うにゃうにゃした木目の感じとか素敵なんですよねー。

なかなかのお値段に悩んだ挙句、店員さんの「何十年も使えますよ」という言葉に惹かれて買ったのですが、実際、使えば使うほど味が出て、いい感じになってきました。

安定感もあって、すごく使いやすいし、がっちり硬いのもわたし好み。包丁を使うと、トントンという柔らかい感じではなく、カンカンカンという音がします。

それから、食器としても大活躍。生ハムやチーズなど前菜を盛り付けて、そのままテーブルに出しても絵になります。

手入れもラクチン。普段は
中性洗剤でわしわし洗って
乾かすだけ。たまに薄くオ
リーブオイルを塗ってあげ
るとしっとり保湿できます。

ノー卵、ノーライフなわたしの有次の玉子焼き器

「卵への愛を語ってください」と言われたら、たぶん無限にしゃべり続けられます。

家には常に生卵とゆで玉子と煮玉子（最近、温泉卵も加わりました）を常備して、毎日三個は必食。一日でも卵を食べないとなんとなく元気が出ないし、そんなときは単純に〝黄色と白の組み合わせ〟のものを見れば（！）テンションが上がる……。ああ、卵バンザイ！　ノー卵、ノーライフ！　わたしの前世、卵となにかあったとしか思えません。

かといって、特定のブランド卵に入れ込んでいるわけでもないのです。その辺のスーパーで売っている一パック一九八円の卵だって十分においしい。どんな卵でも、平等に無償の愛を注ぐ自信がありますよ。いうなれば、**卵に貴賤なし！**

そんなわたしが、若い頃からずっと憧れていたのが**有次《ありつぐ》の銅製の玉子焼き器**。

有次は京都の台所・錦市場にお店を構える老舗の庖丁店です。有次といえば庖丁ですが、いまわたしが使っている玉子焼き器は友人が結婚祝いにくれたもの。わたしが二十代の頃から念仏の

レシピ ▶ 108 ページ

ように「いつか有次の玉子焼き器が欲しい、欲しい……」と唸っていたのを見かねて贈ってくれました。

当時のわたしには、とても買えなかった。だって、それなりのお値段なんですもの。ひたすらに卵を焼く、それしかできないのに、二万円以上……（縦21×横12センチ）。高い！　高いけど、やっぱり欲しい！　手に入れたからと言って、すぐにおいしい玉子焼きが焼けるわけでもないのが楽しいところ。初めてつくった玉子焼きは、あまりのひどさに誰にも見せず一人でこっそり完食しました。でも、**がんばって練習すると、どんどん上手になる。**そして、銅製ならではのふっくらやわらかな火入れで仕上げられるようになるのです。

長くつきあううちに「この辺が焦げやすい」など個体のクセもわかってきます。大げさにいえば、対話しているような気分。この〝**道具とだんだん仲良くなってくる感じ**〟は、電化製品に対してはなかなか抱けない感覚かもしれません。

有次の玉子焼き器でつくるわたしの玉子焼きは、**卵を泡立器で丁寧に混ぜてから塩とみりん**を加えます。熱した玉子焼き器に薄く油を塗り、卵液を流し入れたら最初の一巻きは半熟気味で分厚めに。弱火でじっくり火を通してから、三、四巻き目でふっくら仕上げる。焦げ目なくつるっとした美肌の玉子焼きがわたしの理想です。フライパンでざっくりつくる玉子焼きも好きだけど、**有次を手に持ったときは本気モード**。卵を焼いているときのわたしの目は、真剣そのもの、のはず。

目玉焼きを作るなら絶対に鉄のフライパン！

鉄のフライパンに憧れる人、多いですよね（とくに男子）。わかりますよ、その気持ち！　確かにカッコいいんです。ゴツくて、黒光りしてて、存在感がある。**ドイツのメーカー「ターク」社**のものが、その代表なのかな。台所にあるだけでなんとなくうれしくなる、ステキな道具。固まりの肉をじっくり焼くときなどは、これが活躍します。

ただ、鉄は毎日使うとなると、かなり重いし、焦げやすいし、取っ手はすぐに熱くなるし、お手入れもちょっと大変。だから、わたしも昔は「鉄のフライパンは無理！」と公言していて、ずっとテフロン派でした。

そんなわたしが、**鍛造作家・成田理俊《たかよし》さんの作るフライパン**と出合ったのは数年前——。そのカッコいいフォルムに惹かれ、「なんて素敵なフライパン！」と手に持った瞬間、これまでのイメージが完全にくつがえされる衝撃を受けたのでした。

まずはとにかく、とんでもなく軽い！　この重さなら、完全にストレスフリーです。しかも、鉄なのに焦げにくく、取っ手も熱くなりにくい。さらに普通に洗剤をつけてゴシゴシ洗っていいなんて……お手入れまでカンペキだ。ほ、欲しいー！

いま持っている成田さんのフライパンは全部で四つ。15センチと16センチの片手フライパンがひとつずつ、それと両手フライパン、オーバルのふた付きフライパンというラインナップです。

一番よく使うのは片手のフライパン。毎日のように焼く目玉焼き（作り方は後ほどじっくりご紹介します！）のほか、お弁当のおかずなどちょっとしたものを作るのに大活躍しています。軽いので、ササッと使ってパパッと洗えるのがいい。

両手のものは、主菜並みにがっつりしたものをつくることが多いかな。肉を焼く端で野菜も一緒に焼いたり……。ただの空芯菜炒めをつくるだけでもカッコいいので、そのまま食卓に出してみたりもしています。肉団子の表面だけ焼いて、フライパンごとオーブンに入れられるのも鉄のフライパンならでは。

そしてオーバルのフライパン。これは、まさに腸詰を焼くためだけに手に入れたようなもの！やたらと生腸詰を焼くことが多いわが家なのですが、このフライパンはピッタリサイズ。上下の余白もなく美しく焼くことができます。最近は専用のふたもついたので、ますます腸詰を焼きやすくなりそうでうれしい限りです。

そして、なんといっても目玉焼き！　わたしは、四分から五分、じっくり時間をかけます。まずは、すこし多目の油（大さじ二くらい）をフライパンに入れて中火にかけ、煙が出るくらいまで熱したところに卵を割り入れます。

ジューッと音がなり、白身の部分にプクプクと大きな泡ができたら弱火にして約四分。ここから、じっくり黄身と白身を育てていきます。黄身は黄色いままで食べたいので、フタは絶対にNG！　白身のふちが茶色く色づいてきてもここは我慢。

そのうち黄身のまわりから、ほんのり色が薄くなってきます。これは「黄身の底に火が通り始めていますよー」というサインなので、ハイっ、ここで火を止める！

フチはカリカリで、白身はプリプリ、黄身の上三分の一はとろーっと半熟で下三分の二はねっとり濃厚という目玉焼きの完成です。どうですか、この立体感のある食感！

タイ風にガパオライスの上に乗せてもおいしいし、もちろんそのまま食べてもよし。味付けは塩、こしょうでも良いのですが、わたしはナンプラーと黒こしょうをちょっとかけて食べることが多いです。もうこれがあるだけで朝から幸せだし、お酒のおつまみにもなる。超シンプルだけどサイコーな料理。

片手からオーバルまで、どんな料理も数割増しにおいしそうに見える。そんな不思議なフライパンなのです。

対談

道具の作り手を訪ねて

鍛造作家・成田理俊さんと語る台所道具

鍛鉄のフライパンのほか、ステンレス製のカトラリーなども大人気の成田理俊さん。わたしが愛用しているフライパン（四つ）はすべて成田さんのものです。今では注文してから二年半待ち！という超絶人気の〝成田パン〟ですが、今回は群馬県・みなかみ町の工房にお邪魔して制作工程を見学させてもらうことができました。

工房に入ると、まずはコークスの炉に火をつけます……、うぉー、熱い（一〇〇〇度以上になるらしい）！　そこにフライパンの原型である鉄の丸い板を突っ込んで、赤く焼けたらハンマーで叩く。これを何度も何度も繰り返して、フライパンの表面に微妙な〝表情をつけていく〟のだとか。丸みを付けていく作業に使うのは、なんと鉄アレイを自分で改造したハンマー。一枚の板を何千回も叩いて理想の曲面を出していくのです。

柄やフタの取っ手は、「リベット」という鋲のようなものを使い、かしめていきます。「溶接のほうが簡単なんですけど、伝統的な技法を守りたい気持ちもあるし、リベットで打つことで、柄が熱くなりにくいという利点もあります」と成田さん。ふむふむ。聞いてみないとわからないポイントが、ほかにもたくさんありそう……。途中からはワインも入ってしゃべりすぎた気もするけど、道具にまつわるいろんな話が聞けました。

成田理俊さん（なりた・たかよし／鍛造作家）
1969年北海道函館市生まれ。武蔵野美術大学油絵科卒業。高崎産業技術専門校溶接科を修了後、鉄工所に勤務。30代前半に自らの手で工房を構え、鉄を使った作品の制作を開始する。鍛鉄のフライパン、ステンレス製のカトラリー、器などが、料理家を含む多くの料理好きの支持を集める。
https://www.instagram.com/studio_tint/
※主な取り扱いギャラリーは、巻末に紹介しています。

高原に佇む青いトタンの工房で

ツレヅレハナコ（以下、ツレハナ） 今日は工房を見せていただき、ありがとうございます。毎日愛用している物が、こうやって作られているんだと知って感動しました。

成田理俊（以下、成田） どうしたんですか、改まって（笑）。

ツレハナ 成田さんとお会いできるときって、お酒の席が多いじゃないですか。だから、真剣に鉄を叩いている成田さんを見たら、「わー！ 働く姿、カッコいい！」って（笑）。いやいや、でも、まじめな話、ここまで細かに手をかけることを目の当たりにして衝撃でしたし、コークスの火のすぐそばでハンマーを振り下ろす姿は大迫力でした。あと、この工房！ 若い頃にひとりで建てたとは伺っていたけど、想像以上にすごい建物だなって。

成田 断熱材も入れてないから、夏は暑いし、冬はめっちゃくちゃ寒いんだけどね。でも当時は、なんとなく、ひとりで家を建ててみたかったんです。緑の中にぽつんと建っているような感じの。そういうところで創作に打ち込みたかった。

ツレハナ なるほど。この工房も、どこか成田さんのフライパンと共通する雰囲気がある気が

「工房にこもっていると、誰とも話さずに一日が終わってしまうこともあります」という成田さん。その仕事ぶりは丁寧で繊細。コークスの火で真っ赤になった鉄の板をハンマーで何度も叩いて、フライパンを仕上げていきます。

します。〝シンプルだけど温かい〟というか、〝素朴だけど繊細〟というか。なんだか居心地いいですもんね。〝成田パン〟がここで作られているってことが、しっくりくる。それにしても、今日改めて思ったのは「鉄は時間がかかるなー」と。

成田 どういう意味で？

ツレハナ 同じクラフト系でも陶磁器や木製品だったら、もう少し気軽に始められそうだけど、鉄の作品はそうはいかないんだろうなぁって。鉄の作家になろうと思ったら専用のハンマーだけでも何種類もそろえなきゃいけないし、ヤットコや金床、それから鉄を曲げたり、削ったりする大型の機械。コークスの炉もそうだし、そもそも大きな音や光が出せる工房だって自分でそろえるんですもんね。独り立ちするまでの時間と労力がハンパないだろうなと。

成田 確かに始めるのは少し大変ですね。あと、下積みの時間もあります。ぼくはいつか自分の好きなものが作りたいと思って、美大の油絵科を出たあとに職業訓練校で溶接を学び、鉄工所で八年間くらい働きました。鉄工所時代は、建物などの構造物や、工場の大きなタンクや配管なども作っていたので、それこそ扱いを間違えるとホントに身に危険が及ぶ。でも、そういう修行時代に鉄の技術を一から学んで、自分で何かを生み出そうともがいた時期があったことが礎になっています。

取材当日、オーバルフライパンのフタが完成！ すき間もなくぴったりなのが気持ちいい！

ツレハナ　うんうん。

成田　フライパンやカトラリーにたどり着くまでいろんなものを作ってきたけど、そういう時間を含めて今のフライパンになっているのかな。実はフライパンを作り始めてからも微妙にフォルムは変わり続けているし、ぼく自身、毎日同じものを作ってるという意識はあまりない。重さや大きさはほぼ同じになるようにそろえてはいるけれど、すべて表情が違う。だから作っていて飽きないし、終わりがないというか、満足しないのかもしれません。

ツレハナ　わー、そんな話を聞くと、うちのフライパンにも更に愛着が湧いてきます。

「つい手が伸びる」のが良い道具

ツレハナ わたしは〝成田パン〟をホントに毎日使っていて、そのたびに「軽くて使いやすいなー」と思うし、使っていないときもその佇まいに「やっぱり、素敵！」とうっとりするのですが、成田さんご自身はどういう思いで作られているんですか？

成田 あまり高い意識みたいなものはないですよ。でも、使う人の手がついつい伸びてしまうものでありたいというか。気づいたら「あれ、またこのフライパン使ってるな」ぐらいの感じがいいなと思っています。

ツレハナ わたしなんか、まさにそれです。

成田 作っているものに関しては、ほんとに微妙なラインや表面の質感の加減にまでこだわっているつもりだけど、「お前は今の出来に満足しているか」と聞かれたら、さっきも言いましたけど、完全な満足はしていなくて。ひとり工房で黙々と作業をしていると、その日に「よし」と思っても、次の日になったら「やっぱりダメだ」と思ったり……そんなことの繰り返しなのかな。ぼくが作るのは生活の道具だからこそ、独りよがりの作品にはしたくない。だから、なるべく人の意見は聞いて、ヒントがあれば取り入れていくようにしています。

ツレハナ　〝成田パン〟のカタチも少しずつ変わっていくんですね。

成田　車のモデルチェンジみたいに劇的な変化はないと思うけど、ゆっくり、少しずつよりよいものに変えていけたらいいなと。今の時代は何でも早すぎると思うし、時間が堆積することで、そこには〝機能美〟みたいなものが宿る気がするし。

ツレハナ　わかります、それ。わたしも台所道具は見た目やブランドの名前だけじゃ買いません。わたしが使っているのはアジアの市場や屋台で使われているものも多いんですけど、現地で使われているのを見て、「使いやすそう！」と感動したものばかり。たぶん、使いやすさがそのままカタチになっているんだと思う。

成田　ついつい手が伸びて使っちゃうものですよね。

ツレハナ　うんうん、そうなんです。わたしが大好きな台所道具は、みんなの暮らしの中で形作られたもの。成田さんのフライパンには同じ空気を感じるんですよね。

成田　ありがとうございます。なんかうれしいです。

ツレハナ　台所道具って美術品とは違って、人の手に渡ってからモノの人生が続くし、使うことによってその人のモノになっていく。

成田　いわゆる〈道具が育つ〉ということですよね。ぼくは、使い続けてもらうことが大

持ち手は、素材となる丸棒を板状に伸ばし、それを空洞のある形に丸める、
という作業を経て作られている。

工房で料理タイム！
右は成田さん作のふわとろオムレツ。溶いた卵にオリーブオイルを少し入れてから焼くのがおいしさのコツらしい。左の目玉焼き＆ウィンナーはハナコ作。目玉焼きはじっくり、ウィンナーは切れ目を入れて温める程度に。

事と思っていて、なるべく長く使ってもらうために、ちゃんとしたものを作ろうという意識はあります。だから不必要な飾りや曲線はどんどん削ぎ落として、フライパンとして必要な形を突き詰めていったら今の姿になってきた、という感じです。

ツレハナ　成田さんのフライパンは、すごく繊細に見えるけど、台所に立つ人が毎日使うことを前提に作られている感じがするんです。

成田　そうですね、とても意識しています。

ツレハナ　だってホントに使いやすいもんなー。

成田　そんなに褒めてもらっても何も出ませんよ。あ、でも、ワイン、もう一本開けちゃいましょうか。ハナコさん、目玉焼き、もう一個焼いてください（笑）。

ツレハナ　もちろんです！

ずっとこちらの様子を気にしていたのは工房に出入りする黒猫おこげちゃん。

［取材後記］

成田さんに初めてお会いしてからもう何年にもなりますが、ずっと疑問に思っていたことがあります。成田さんは美大で抽象絵画をやっていたのに、なぜそれとは正反対の具象的なフライパンを作っているのか——。でも、今回、お話を聞いてわたしの中ですっきり解決！　作っているモノは、抽象画からフライパンになったけれど、その本質は変わらないんだな、パッと見は同じフライパンに見えるけど、成田さんの中ではひとつひとつぜんぜん違うフライパンなんだなぁ、と妙に納得したのでした。

おわりに

初めて一人暮らしをしたアパートの台所は、一畳くらいの小さなスペースでした。冬になると本格的な底冷えがして、旧式の給湯器からお湯を出しては手を温めながら料理をするような環境。入居の条件は「家賃が安くて二口コンロ」だったので、かろうじてコンロはふたつ……でも、あまりのせまさにまな板を置くような場所もなく、かなりアクロバットな動きで料理をしていたように思います。

それでも毎日、料理をするのは楽しかった。今のような素敵な作家もののフライパンもなければ、お皿だって実家から持ってきたようなものばかり。でも、バイトして買った包丁は日々自分になじんでくるのが感じられたし、ル・クルーゼの鍋がひとつあるだけでどんな料理もつくれるような気がしたものです。

せまい部屋に友達がたくさん来るとなれば大はりきり！　テフロンのフライパンで何品もつまみを作り、安いワインを大量に飲んでは朝まで大宴会……よくもあれだけ話すことがあったなと思うけれど、シメのパスタを一袋（！）ゆでて食べ終わるまでが、わが家の宴会でした。大きい鍋がなかったからフライパンでパスタをゆで、ミートソース

の入ったル・クルーゼに直接パスタを入れて和えるという「ルクミート」は、あの頃のわたしの得意料理だったひとつ。鍋ごとテーブルに出して、酔いつぶれていない人だけがワシワシ食べる姿は忘れられません。

恋人が来るとなれば一人用の土鍋でむりやり二人分の鍋をつくり、何度も具を追加し続ける忙しい鍋。カセットコンロもなかったから、せまい台所にふたりで丸椅子を並べ、ガスコンロを囲みながら食べるのです。「鍋を食べてると、この台所も寒くないねー」なんて言ってたかな。もうひとつのコンロに別の鍋を置いて、コップに入れた日本酒を熱燗にするのも定番だった。

そんな、魚焼きグリルもオーブンもない台所で、よく飽きもせずに毎日料理をしていたものです。でもとても楽しかったし、台所にいるときの心はいつも豊かでした。

あれから二十年以上が経ち、道具の量は数十倍。住む場所も広さも変わりました。でも台所に立つと、道具たちが自分に力を貸してくれる感覚は変わらない。「さー、うまいもんつくろうよ!」と声をかけられているような気がして、今日もエプロンのひもをキリリと締めるのです。

二〇一七年九月　　　ツレヅレハナコ

※本書に登場した道具のうち、国内で販売されている道具の商品名・メーカー名・問い合わせ先（・店舗住所）を掲載しています。なお、撮影した道具はすべて著者の私物であり、まったく同じものが手に入るとは限りませんので、何卒ご了承ください。
※作家の作品については、主な取り扱い店・ギャラリーを掲載しています。

掲載ページ	商品名・問い合わせ先等
13	せいろ 中華街 照宝（ショウホウ） TEL：045-681-0234 神奈川県横浜市中区山下町150（横濱中華街大通り中ほど）
17	原泰弘さんの片口すり鉢 364（サンロクヨン） TEL：03-5856-8065 東京都杉並区西荻北3-13-16
21	シリコンターナー（ミニ） オクソー（OXO） TEL：0570-03-1212（カスタマーサポート）
35	刃の黒幕 オレンジ シャプトン株式会社 ホームページURL：http://www.shapton.co.jp/
36	トマト・ベジタブルナイフ ビクトリノックス・ジャパン株式会社 ホームページURL：https://www.victorinox.com
38	SELECT100 調理器セット・おろし器・おろしプレート（DH3027／DH3002／DH3041） 貝印株式会社 TEL：0120-016-410（お客様相談室） ※おろしのプレート部分はすべて同じものです。

40 マイクロプレイン社のグレーター
(ハンドルなし／40001)
池商
TEL：042-795-4311

58 スーパー炎たこ（CB-ETK-1）
岩谷産業株式会社
TEL：03-5405-5615（カートリッジガス本部）

74 うちの土鍋シリーズ（ベア1号）
ほぼ日刊イトイ新聞（うちの土鍋の宇宙。）
ホームページURL：http://www.1101.com/store/donabe/index.html

76 かまどさん（二合炊き）
長谷園
TEL：0120-529-500

110 バウルー（サンドイッチトースター ダブル）
イタリア商事株式会社
TEL：045-910-1890（お客様係（代表））

116 玉子焼き器（四寸×七寸）
有次
TEL：075-221-1091
京都府京都市中京区錦小路通御幸町西入ル

120 成田理俊さんの鍛鉄・ステンレス作品

夏椿
TEL：03-5799-4696
東京都世田谷区桜3-6-20（※2018年に移転予定あり）
ホームページURL：http://natsutsubaki.com/

gallery&cafe yaichi
TEL：048-593-8188
埼玉県北本市中央2-64
※入手まで数年かかる状況が続いています（2017年8月現在）。

◎著者プロフィール

ツレヅレハナコ（文）

寝ても覚めても、おいしい料理とお酒のことばかり考えている編集者。東京都中野区生まれ。お酒とつまみと台所道具がある場所なら、日本各地から世界各国まで旅をし続ける。著書に『女ひとりの夜つまみ』（幻冬舎）、『ツレヅレハナコのじぶん弁当』（小学館）、『ツレヅレハナコの薬味づくしおつまみ帖』（ＰＨＰ研究所）。食や日常を綴る Instagram（turehana1）も更新中。

キッチンミノル（写真）

写真家。テキサス州フォートワース生まれ。18歳の時に噺家を目指すも挫折。その後、法政大学に入学し、カメラ部に入部。足繁く通った定食屋にちなみキッチンミノルを襲名。書籍・雑誌や広告で人物や料理を中心に活動中。近刊に『沖縄 のこしたい店 忘れられない味』（誠文堂新光社）。東京在住。

◎ **staff**

表紙・本文デザイン＆ DTP ／森太樹
イラスト／得地直美
特別協力／マッチ絵の家（群馬県みなかみ町）
校正／玄冬書林

ツレヅレハナコの食いしん坊な台所
2017年9月20日　初版発行

文　ツレヅレハナコ ©2017
写　真　キッチンミノル ©2017
発行者　江澤隆志
発行所　株式会社洋泉社
〒101-0062　東京都千代田区神田駿河台 2-2
郵便振替 00190-2-142410（株）洋泉社
電話番号 03-5259-0251
印刷・製本所　サンケイ総合印刷株式会社

乱丁・落丁本はご面倒ながら小社営業部宛にご送付ください。
送料小社負担にてお取り替え致します。

ISBN978-4-8003-1226-6　Printed in Japan
洋泉社ホームページアドレス　http://www.yosensha.co.jp/